失敗しない不動産投資の法律知識

弁護士
山村暢彦 著

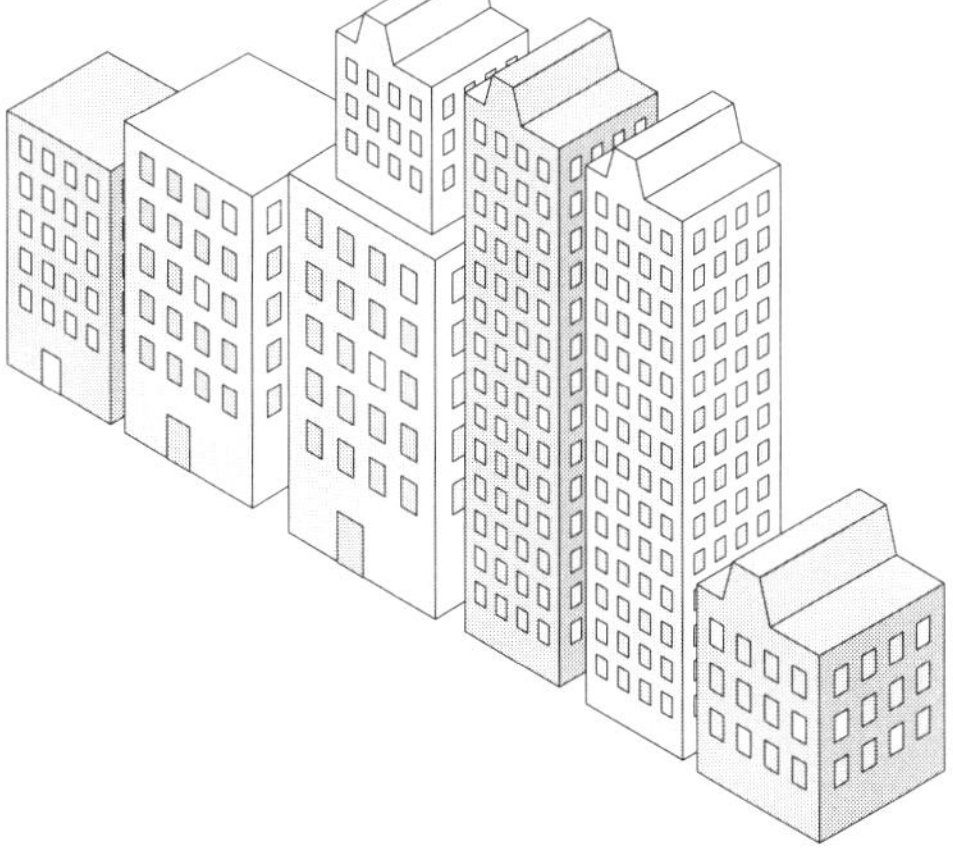

中央経済社

はじめに

近年、不動産投資は「ブーム」になっているといってもよいくらい、加熱しているかと思います。「不動産投資で資産を増やしたい！」との意気込みをもって、本書を手に取ってくださった方もいることでしょう。

そんな中、いきなりで申し訳ありませんが、この本は、「どんどん資産が増えるよ！」といった前向きな内容とはなっていません。

「不動産投資」関連の書籍では、「こうやったら儲かりました！」とか、「不動産投資の始め方」「物件の見極め方」といった本はありましたが、「落とし穴」にはまらないための、気を付けるべき、注意すべき点について取り上げたものはなかったように思います。本書が扱うのはまさにここです。

私自身は人から、「自ら不動産投資オーナーの経験をもつ不動産分野に注力した弁護士」とご紹介いただくことが多くあります。ただし、不動産投資家、不動産賃貸事業主としては、初心者といってもよいレベルだと思います。

それでも、「不動産投資をスタートしたばかりの方のトラブル」から、「不動産投資が軌道に乗ってきた方」や、「不動産賃貸事業を子孫に残す段階の方」など、「不動産分野に注力する弁護士」として、さまざまな場面の不動産投資の問題点を経験し、解決してきました。そのため、本書では、「不動産投資の経験ももっており、ある程度不動産実務や不動産賃貸事業に理解のある」弁護士の視点から、不動産投資の落とし穴をご説明するものです。

このような書籍がこれまで少なかった理由として、不動産投資は、数十年かけて物件を保有し賃貸していくことの多い事業で、端的にいうと本当の意味で成功したかどうか、その人一人の人生だけではわからない、という性質があるためかもしれません。私自身まだまだ若輩者ですから、これから10年、20年と経験を積むにつれて、「不動産投資」にまた違った見方をするようになるかもしれませんが、これまで見てきた多くの不動産トラブルの経験を少しでも皆様と共有できればと思います。

なお、不動産投資を今まさに始めたい方、すでに不動産賃貸事業が軌道に乗っている方、子孫にどうやって財産を残すかを迷っている方など、それぞれ不動産投資で知りたいことは異なると思います。したがって、本書は、第1章から順に読んでいくのではなく、興味のある分野・気になるテーマから読んでいただければと思います。

第1章と第5章では、不動産賃貸事業の特質と注意点、心構え等についてお話ししています。したがって、この2つの章は、基本的に不動産投資に興味のある方全般に共通するかと思います。第2章は、不動産投資を始めて、とにかく収益物件の購入に意識が傾いている方に、一歩踏みとどまって、「出口」についても考えてほしいことをお伝えします。

第3章は、特に、関東近郊で流行っている「土地仕入れ新築スキーム」に関する注意点やトラブル対策例を紹介します。このトラブル自体は、「不動産投資や不動産賃貸事業」という視点では、なかなか類書が見当たらないでしょう。

第4章は、不動産の次世代への遺し方、相続関連のお話です。収益物件を相続させてあげるということは、相続を受けるほうが喜んでくれると思いがちですが、ほとんどの場合、借金も一緒についてきます。

本書が一人でも多くの方の、不動産投資にまつわるトラブルを減らす一助となりましたら幸いです。では、皆様、どうぞ、よろしくお願いいたします。

2022年10月

山村　暢彦

目　次

第3章　建築：土地仕入れ新築スキームの落とし穴

第4章　相続：収益不動産の遺産承継の落とし穴

第5章　不動産投資を成功させるために

第 1 章

不動産投資は儲かるのか？

不動産投資は何をもって成功とする？

今回私は、不動産・相続分野に注力する弁護士という法律専門家としての側面と、大家業《おおや》を自分でも営む大家目線での思考ができるという側面もあることから、不動産投資の落とし穴についての本書執筆の機会をいただきました。

もっとも、私自身、不動産投資、不動産賃貸事業の全体像について知り尽くしているとは言えません。それは、不動産投資、不動産賃貸事業という事業自体が、人の一生と同じかそれ以上に長いスパンで行う事業活動だからです。

医療の発達と共に、ヒトの平均寿命は延びていますが、（成人してから引退するまでを25歳から70歳くらいとして）人間個人が事業活動を行う年月はせいぜい50年程度でしょう。

それに対して、不動産賃貸事業に用いる建物の寿命は非常に長いものです。建物の寿命とイコールではありませんが、法定耐用年数は、木造で22年、ＲＣ造（Reinforced Concrete：鉄筋コンクリート）のマンションでは47年とされています。耐用年数をみるだけでも、相当に長いものです。それに加え、耐用年数が切れていても、実際には、修繕等をすれば使える建物というのは相当数存在します。どこまでをリフォーム、どこまでを建替えとするのかという問題はありますが、手を入れていけば、建物は１００年、２００年でも存続していくとも言われています。すなわち、人の一生よりも、不動産のほうが「長く生きる」といえるのです。

そうすると、結局、「不動産投資」が成功したかどうかというのは、数年単位のスパンではなかなか計ることはできず、建物一つとっても相当長い年月をかけて成功だったか失敗だったかを判断していかねばならないのです。

私自身はまだ30代半ばの若輩者で、大家として、最初から最後まで建物の「生き死に」を見た経験はほとんどありません。強いていえば、学生時代に父親が建てたマンションが、老後に差し掛かってきたかなという程度です。

もっとも、弁護士という仕事上、建物の生まれたての時に生じるトラブルから、建物の老後に生じるトラブルまで、経験してきました。不動産案件の相談を受けていると、ものによっては昭和初期から、昭和後期のバブル前後、平成初期から、現在の令和初期に至るまでさまざまなトラブルの相談を受けます。

本書でこれからお伝えする私の考えは、10年後、20年後には、私自身のこれからの経験と社会情勢の変化と共に変わっているかもしれません。それでも、特に近年「不動産投資」の（何をもって成功というか曖昧な）成功ストーリーが氾濫しているため、今までの私の経験の範囲で、不動産投資の「成功」について考えてみたいと思います。

●不動産投資は不動産賃貸事業である

そもそも、「不動産投資」とは何か。実は、私はあまりこの言葉は好きではありません。不動産投資は一般的にはアパート業だと言われたりしますが、正確には、「不動産賃貸事業」のことです。自身で所有した建物を他人に貸して賃料をもらう、というのが不動産賃貸事業です。

たとえば、1,000万円で購入したマンションの1室を、年間100万円の賃料で貸し出すとします。10年間なんの問題も生じずに貸し出すことができれば、理論上、10年後には、そのマンションの購入代金分の収益が上がったことになります。さらに10年貸し出すことができれば、マンションの購入代金＋10年分の賃料が収益になったと言えます。

●不動産投資（不動産賃貸事業）は資本集約型ビジネスである

収益・利益を上げるビジネスモデルを、「労働集約型」と「資本集約型」に分類することがあります。「労働集約型」というのは、労働力によって利益を上げるものです。ご飯を作ってお金をもらう、家を建ててお金をもらう、多くのビジネスはこちらです。一方、不動産賃貸事業は、自分の不動産を貸し出すことによって収益を上げるので、自分の資本によって利益を上げる「資本集約型」のビジネスモデルです。

自身が一般的な労働集約型のビジネスを行っていても、自身の所有している資本により、副業として不動産賃貸事業を行って別途収益を上げることは可能です。

前置きが長くなりましたが、不動産賃貸事業は資本集約型のビジネスですから、長期スパンで見た時に利益に対して、人が労力をかける時間は少ないです。ただし、それでも人任せではできない「事業」だということを、本書では繰り返し説明していくことになるでしょう。

●不動産投資（不動産賃貸事業）は時間軸が長い事業である

よく、「大家業で儲かるなら、儲かる物件は不動産会社がすぐに買っちゃうんじゃないの？」「不動産投資と言いながら、素人に訳あり物件を買わせているだけでは？」という質問を受けることがあります。

いわゆる不動産会社兼不動産賃貸事業を営む会社もありますが、そもそも不動産賃貸事業と不動産業（仲介や買取再販）とは、かなり時間軸が異なるビジネスです。また、一口に不動産会社といっても、新築建売業者、不動産仲介会社、買取再販業者など、不動産会社といってもビジネスモデルはさまざまです。

いわゆる不動産会社が行うビジネスは、比較的時間軸が短いです。

不動産仲介業を行う不動産会社は、売主と買主の不動産取引の橋渡しをするのが業務です。取引期間はさまざまですが、契約から代金の決済まで、3か月から長くても半年といったところです。ビジネスモデルは一般的な労働集約型になります。

買取再販業者などと呼ばれるような会社は、やや不動産賃貸事業に近いかもしれません。このように呼ばれる会社は、自身の会社で不動産を「買取」し、リフォームしたり、フルリノベーションして、「再販」します。買取から再販までは、物件にもよりますが、数か月から長くても1~2年程度です。これは、労働集約的な要素があるとともに、金融機関からのお金の借り方が不動産賃貸事業とは異なります。

不動産賃貸事業の場合には、長年安定して経営することを前提に金融機関からお金を借りるので、比較的低額な利子でお金を借りようとします。他方、買取再販業者のような場合には、数か月から1~2年程度の短期の「事業」「プロジェクト」のために一時的にお金を借りるという仕組みで進めます。そうすると、短期間に売却まで進めねばならず、不動産賃貸事業のように、長期スパンで物件を保有したりお金を借りたりすることができないのです。

一般的な不動産賃貸事業では、その物件の利回りが7~8%見込めると、不動産を購入し、基本的に数年から数十年保有するということを考えて進めていきます。投下した資本を長い時間で回収していこうとするビジネスモデルです。そのため、安定している状態のときには、ほとんど人の労力が発生しない資本集約型ビジネスとして成立しているのです。

●不動産賃貸事業としての金融機関との付き合い方

不動産賃貸事業を行ううえで、不動産に関する知識が必要なことは言わずもがなです。また、税金や法律の知識がある程度必要なのも想像がつくかと思います。加えて、非常に重要な要素の一つとして、金融機関との付き合い方、具体的には融資に関する知識があります。もちろん、1、000万円を貯金して、1、000万円の区分マンションを買う、また賃料収入を貯めて同じように物件を買うなど、全く融資を使わない不動産投資を行っていく方法もあります。しかし、一般的に不動産賃貸事業は、金融機関から融資を受けて行うのが普通です。

たとえば、1億円で、利回り8％が出そうな不動産を買いたいとします。「スルガショック(＊)」以降の感覚でいえば、2、000万円から3、000万円程度の頭金を準備して、そのうえで、残りの7割（7、000万円）を銀行から借り入れる、というような形で、金融機関の融資を利用するケースが多いです。頭金を入れているので厳密ではありませんが、融資の利率が3％ならおおよそ、残額である5％が大家さんの手残りになる、というような形です。

（＊）　2018年に、「かぼちゃの馬車」という女性向けシェアハウスを販売していた「スマートデイズ」の経営破綻を発端に、スルガ銀行が多数の不適切融資を行っていたことが明らかになった事件。この事件をきっかけに、金融庁からの不動産賃貸事業への融資の引き締めが行われ、融資が受けづらくなった。

(1) 収益規模と安定性

「なぜ、お金を借りてまで不動産投資をするのか？ そんな危ないことはやめたほうがよいのでは？」との意見は、当然出てくることと思います。融資を受けない不動産投資の方法もあるので、融資を受けるのが必ず正解というわけでもありません。しかし、端的にいって、不動産賃貸事業を行うのであれば、「規模が大きくなればなるほど安定して、負けがなくなる」ので融資を受けてでも規模を拡大したほうが安定するでしょう。ある不動産投資家は、「飛行機と一緒で、低空で飛ぶと建物と接近して危ないから、いっそ高く飛んでしまったほうがよい」という言葉も残しています。

不動産賃貸事業を行ううえで想定する一番のリスクは、「空室リスク」でしょう。建物を貸して賃料を得るビジネスですから、借り主がおらず部屋が空室だと、収益が上がらず、赤字になってしまいます。そして、この空室リスクというのは、ほぼ必ず一定割合で発生します。具体例で見てみましょう。

マンションの1室をもっているオーナーは、空室が出た場合、当然、空室期間は収益がゼロになってしまいます。一方、マンション１００室を運用しているオーナーの部屋から1室の空室が生じたとしたら、ダメージは１００分の1です。当然、部屋数が多いほど、空室の発生率も上がります。しかし、規模が大きくなればなるほど、空室率が平均化でき、その空室の与える全体への影響は軽微になります。

不動産賃貸事業では、どうしても、入退居時のトラブルや空室リスクなどは発生します。だからこそ、経営規模を大きくすればするほど、空室リスク等を平均化できるのでより安定するともいえます。

(2) レバレッジと不動産賃貸事業

また、そもそも不動産賃貸事業では、「レバレッジ」、すなわち、借金を利用することで事業規模を大きくできる、という点に魅力があるとも言えます。2、０００万円の現金を準備し、この2、０００万円で区分マンション等を購入し、10％の利回りで運用できた場合、1年で２００万円の収益です。

他方、2、０００万円の現金を頭金に入れ、金利3％で8、０００万円の融資を受け、1億円のアパートを購入し、8％で運用できたなら、ざっくりみて４００万円程度の手残りになるでしょう。リスクを負っている分、利益が大きくなるのは当然なのですが、株やＦＸの損益がダイレクトにリスクを負うのと違って、不動産では、不動産賃貸事業のための土地や建物自体が「担保価値」を有しているので、比較的安定した形で、レバレッジを効かせることができるといえます。これは不動産賃貸事業のメリットだといえるでしょう。

●不動産賃貸事業のまとめ

ここで言いたかったことを改めてまとめます。

不動産賃貸事業の特色は次の3つです。

① 資本集約型のビジネスであり、人的な労働力は比較的軽く済む事業
② ただし、その分長期間の時間がかかる
③ 収益面で安定しているというメリットもあるが、突発的な支出に見舞われた場合、回復には相当な時間を要する

不動産投資のキャッシュフロー、手残り問題

●収益増大のためには、物件を買い進めていくのが基本

不動産投資を始めた方の基本的な目標は、収益の増大となります。そして、その増大のために、不動産の購入を進めていく、というのが基本です。不動産賃貸事業では、収益を上げるために、その資本を拡大する必要があり、それが、空室リスクの軽減安定等にも資するため、物件を買い進めようとしていくのが基本姿勢です。

●過去に流行った「一法人一物件スキーム」

不動産を購入していくことが収益を上げることにつながる、ということでいうと、特に２０１５～２０１７年頃に、「一法人一物件スキーム」というのが流行りました。

「できる限り所有不動産を増やす」ためには、「できる限りお金を借りる」ことが必要です。もっとも、金融機関も無制限にお金を貸してはくれません。当然、賃貸事業にもリスクがあるので、事業がある程度傾いても、回収できそうな金額しか融資してくれません。所有資産や収入によっても上限は変わってきますが（厳密な基準は私にもわかりません）、金融機関は、一人に対して、１億円や2億円を上限にしてそれ以上は貸さないといった基準を設けているとい

う話も聞きます。

そんな中で流行ったのが、「一法人一物件スキーム」と呼ばれるものです。AさんがAさんとして、1億円借りてしまうと、それ以上貸すのは危ないと考えられ、融資してもらえません。そのため、Aさんが、B法人やC法人を設立して、今度は、Aさんではなく、B法人や、C法人として銀行に対してお金を借りようとするわけです。

具体例を挙げましょう。

まずは、Aさんが個人で1億円借りているとします。次に、B法人として、5，000万円借りるとします。次に、C法人という別の法人を設立し、また5，000万円を借りるとします。

この場合、B法人に貸した銀行やC法人に貸した銀行には、AさんとB法人で合計1・5億円、またはAさんとC法人で1・5億円借りているように見えますが、現実には、Aさん＋B法人＋C法人で2億円借りるというスキームです。

このようなスキームを利用してでも、規模拡大を試みるほど、不動産投資においては資産の拡大が肝になってきます。ただ、このスキームは、金融機関に必要な情報を誠実に伝えていないため、法的にも問題があるスキームです。したがって、現在ではこうした融資の申請は、ほとんど通りません。

●不動産投資の収益・利益

では、実際には、どのように不動産を購入していく（資産を増大していく）のがよいでしょうか。不動産投資で得た賃料を貯めて、次の物件の投資に充てる、という流れが一般的でしょう。仮に、頭金２００万円を用意して、区分マンションを買ったとします。その後、初期費用と頭金相当の３００万円が貯まれば、また次の不動産を買う、といった形です。

この方法については次のことに違和感があるかもしれません。すなわち、不動産投資を始めたからといって、短期スパンで、自由に使えるお金は増えませんから、仮に融資を受けて、手元に残るお金ができたとしても、それは借入れによって借りたお金が形を変えて手元に来ているだけではないのか。

自己資金１００％で不動産を所有する場合も似たようなものです。１、０００万円のマンションを自己資金１、０００万円で購入した場合、マンションが自分のものになっているので、賃料収入は自由に利用できるように思います。

もっとも、１、０００万円で購入したマンションであっても、将来、いくらで売却できるかはわかりません。たとえば、１、０００万円の自己資金で１、０００万円のマンションを購入し、

10年間運用し、賃料総額で500万円を得たとします。ただ、10年経過後にマンションを売却すると500万円程度にしかならないかもしれません。そうすると、結局、1,000万円の資金を用いて、1,000万円分の資産しか手元に残っていません。これでは、貯めたお金を使ったのに、何ら利益が上がっていないことになってしまいます。

これは極端な話で、全く収益が上がらないのであれば、さすがにほとんどの人は不動産賃貸事業に手を出さないでしょう。しかし、ここで伝えたいのは、手元に入ったお金は、単純な利益ではないということです。

先ほどの例で考えるなら、1,000万円のマンションを購入し、総額で500万円の賃料を得てそのうえで、10年後に800万円でマンションを売却できたとなれば、10年で300万円の利益（＝500＋800－1,000）が上がったことになります（1年で30万円の利益）。

また、同様に1,000万円のマンションを購入し、20年運用し、総額1,000万円の賃料を取得してそのうえで、マンションが500万円で売却できたとしたら、20年間で500万円の収益（＝1,000＋500－1,000）が上げられたことになります（1年で25万円の利益）。

これらは不動産賃貸事業に詳しい方には当然おわかりのことです。しかし、最近は不動産投資をしたら楽に儲けられると思っている若い方も増えているので、不動産投資の収益・利益について一度整理してみました。

出口戦略の重要性

固い考え方と思われるかもしれませんが、不動産賃貸事業の成否を考えるうえでは、直近の数年単位で計るというよりも、やはり建物単位で考えていくほうが堅実ではないかなと思います。極論をいうと、1件成功しても、もう1件で失敗して、結局不動産投資のトータルでは赤字だったなんてこともあるわけです。基本単位としては、1物件あたりの成否を検討していくのが無難ではないかと思います。

なぜ、このような不動産投資の成否について繰り返し言及するかと言いますと、とにかく不動産賃貸事業は長い時間をかけて行う事業なので、短期的に成否は計れないのではないか、という問題提起をしたいからです。一見、手残り金額が大きく、数年で急拡大しているように見えても、物件の問題が顕在化するのは5年後、10年後かもしれませんし、一見羽振りがよさそうに見えても、単純にその分の借入れが膨らんでいるケースもあるのです。

中には、一定規模以上に不動産賃貸事業が拡大していったとしても、十数年後にその物件が不採算であることが顕在化して、破産に至るというケースもあり得ます。このように、にっちもさっちもいかない不動産投資家の物件がまとめて売却されるというケースも、稀ではありますが生じています。

また、出口戦略として、不動産を子どもの代まで受け継ぐつもりで、売却は考えていないという考えや方針もあり得ると思います。ただ、これは第4章でも述べますが、承継するのであれば承継するなりの対策を考えておかないと、残されたほうが逆に困ってしまうこともあるのが、不動産投資の怖さです。

それほど、この出口戦略の問題は難しいのです。モノの値段、不動産の価格というのは、株などに比べれば変動幅が小さいとしても、今後どのように推移していくのか、確実なことは言えません。そのため、「不動産投資」は、将来の出口でいくらになるかわからず、どうしても不確定性を残す投機性がある行為です。その意味では、やはり不動産「投資」なわけです。

ただ、未来のことは誰にもわかりませんが、不動産投資を行っている方なら、10年から20年程度のスパンであれば、ある程度現状でのロジックが通じるだろう、という読みのもとに行動しているのではないかと思います。

なお、不確実であっても想定しておきたいのは、①不動産の売却価格、②金融機関の借入れ金利、③リフォーム等の建築費の３つでしょう。①の不動産の売却価格は出口戦略を決定づける要素ですから当然ですし、②の金融機関の金利が高金利に移行してしまえば、そもそも融資を受けるタイプの不動産投資は成立しなくなってしまいます。現在は、「金利が低い」という前提の下に融資型の不動産投資は成立しているのです。そして、重要なのは建築費・リフォーム費です。不動産を所有して老朽化した場合、必ずリフォーム費用ないし建替え費用が発生します。不動産投資の推奨派の私としても、この建築費用の増加リスクは考えておいたほうが良いと思っています。

現在、団塊の世代が引退し、現在の20代、30代が中核的な働き手となっていますが、国土交通省の資料によれば、建築、リフォーム等の職人の就業者数は非常に低い数字になっています。これは若者世代が、昔気質の職人の働き方になじまないために、就業者数がかなり減っていると思われます。不動産投資反対の考えを持つ方なら、このことをもって、不動産投資の危険性を説くかもしれません。

少なくとも、このような懸念もあるのだな、とは考えておいたほうが良いと思います。そもそも少子化や人口減少等の問題もあります。この辺は考えすぎても仕方ありませんが、10～20

年程度先までの見通しを持ち、社会情勢の変化に気をつけていれば何とか対応できるのでは、と考えています。

アーリーリタイアと不動産投資

近年、ＦＩＲＥ（「Financial Independence, Retire Early（経済的自立と早期リタイア）」）と呼ばれるアーリーリタイアが注目されるようになりました。確かに、不動産賃貸事業は規模の収益性が上がってくれば、借金は抱えるものの、賃貸事業以外の労働には従事しなくとも生活できる水準になる可能性のある事業です。

私は、不動産投資には、「人任せにしていても成功するような甘いものじゃない」という側面があり、「不動産賃貸事業」を事業としての覚悟をもってやってほしいと思っています。一方で、時間軸が長期的であり、資本集約型のビジネスでもあるので、一般的な「労働」ほどの作業量が取られないという不動産賃貸事業の側面があるのも確かです。実際、不動産賃貸事業だけで生活している方も一定数いらっしゃいます。

そういう意味では、「ＦＩＲＥ」を目指すために、不動産賃貸事業を目指すというのも一つなのかもしれません。ただ、本書を通して私が言いたいことは、不動産賃貸事業は、人任せでできるほど簡単なものではないということです。周りの不動産賃貸事業家で、特に上手くいっている人ほど、不動産賃貸事業以外の収入の柱もしっかりと作っていたりします。いつでも「ＦＩＲＥ」できるという心の余裕の元、サラリーマンを続けている方もいれば、他の事業を経営されている方もいます。

また、不動産賃貸事業をメインにしたとしても、それ以外にも、YouTubeでの情報発信や、いわゆる「不動産会社」の経営に乗り出す方などもいらっしゃいます。このような副次的な動きをされる方は、単純に何かをやり遂げたいという想いとともに、収入の柱を一つに固めた場合、不動産賃貸事業には読み切れないリスクもあるので、柱を２つ作っておきたいという気持ちもあるのではないかと思います。

「不動産投資」と呼ばれる不動産賃貸事業も、それ自体、人任せにしておいて儲かるほど甘いものではありません。逆に「不動産賃貸事業」でＦＩＲＥできるほどの事業規模を作る方は、かなり勉強して不動産賃貸事業に取り組んでいますし、ＦＩＲＥできる状態からも、違う事業を構築し、走り続けている方が多いなと実感しています。

私自身、不動産賃貸事業でＦＩＲＥできるほど成功しているわけでもないのに、どうしてこのような夢のない嫌なことを言うかといいますと、不動産投資で甘く儲けられると思って参入した方が、不採算な不動産を購入させられて、痛い目に遭い退場するのを日常茶飯事で見ているからです。不動産賃貸事業の表と裏について、本書を通じてよく知っていただきたいのです。

不動産賃貸「事業」としての覚悟

不動産賃貸事業は、しばしば「不動産投資」と言われると述べました。確かに不動産賃貸事業は、投資的な側面がありますが、「不動産投資」と捉えている方には、あくまで「事業・ビジネス」だということを認識してほしいと思っています。

法律でも、「事業・ビジネス」かどうかで、その当事者の責任を明確に分けて考えています。消費者契約法第2条において、「「消費者」とは、個人（事業として又は事業のために契約の当事者となる場合におけるものを除く。）をいう」と定義され、一方、「「事業者」とは、法人その他の団体及び事業として又は事業のために契約の当事者となる場合における個人をいう」と定義されています。法律の文章なので読みづらいですが、端的にいうと、ビジネス、営利性のある事業として行っているかどうかで、法律上の扱いを変えますよ、ということが消費者契約法で定められています。

不動産の売買で具体例を見てみましょう。ある家庭でマイホームを購入すれば、これは事業のために購入しているわけではないので、「消費者」としての購入になります。この場合、不動産会社の説明不足、重要な事実のミスリードなどがあれば、消費者契約法によって守ってもらえます。また、悪質な勧誘を受けて購入してしまった場合、クーリングオフなどの消費者保護の制度も利用することができます。

他方、不動産投資、不動産賃貸事業として、区分マンションを購入するような場合、消費者契約法等による保護は一切ありません。仮に、上手い投資話だと乗せられて、不採算の不動産を購入してしまっても、法律は助けてくれないのです。

このように、不動産投資、不動産賃貸事業として不動産を購入するのか、あくまで個人、消費者として購入するかによって、法律の保護は変わってきます。法律の考えとしては、「事業・ビジネス」として行うのであれば、そこでの突発的なリスクも、事業リスクとして本人が負うことになっても仕方がないという考え方です。逆に、消費者・個人の場合には、「事業者のほうが専門性も高く、情報もたくさん持っているから、悪徳業者に騙される可能性があるから、法律で守ってあげましょう」という考え方です。

私は、弁護士事務所を運営していますし、不動産賃貸事業を自分の貯金をはたいてやったこともありますので、トラブルが発生した場合、感情的になる気持ちはよくわかります。ただ、不動産賃貸事業を営むうえでは、事業の経営者であるわけですから、腹が立つようなトラブルが起こったとしても、深呼吸して、冷静に事業の損得勘定をして損失を抑えていく必要があります。

消費者契約法という実際の法律を例に出してご説明しましたが、不動産投資というのは、不動産会社から勧められるのを待っていれば買える投資商品ではなく、「不動産賃貸事業」という事業を営むことだという心構えを持ってほしいと思います。

まとめ　ライフプランの目的と不動産投資

第1章では、不動産賃貸事業の良い面も悪い面も、私の考えを述べさせていただきました。私個人としては、基本的に不動産賃貸事業の肯定派です。ただし、不動産賃貸事業は、簡単に人任せにして儲かる事業ではなく、本気で勉強をする覚悟とリスクを負う覚悟をもって臨まないといけない事業です。

そして、不動産賃貸事業へ参入するのであれば、ご自身のライフプランとの兼ね合いで、どのような立ち位置を持つのか十分考えて参入するべきではないかと思います。

たとえば、サラリーマンとして働いていて、いつ身体を壊すかわからない方が、リスクヘッジのために、不動産賃貸事業も併用してやっていこうという場合はどうでしょうか。

万が一のために、団体生命信用保険にも加入して、保険代わりに子どもたちのために財産を遺しておこうとか、投資信託や預貯金もあるが、別枠の資産として不動産投資もやっておこう、というのであれば、「不動産賃貸事業」にどっぷりとつからないとしても、分散投資という意味合いでは、「あり」だと思います。他方、仕事が辛いし、いつまで働けるかもわからない、「ＦＩＲＥ」なんて言葉もあるようだし、楽して儲かりそうだからやってみるかということであれば、やめることをお勧めします。

くどいようですが、簡単に儲かると思って「不動産投資」へと踏み込み、痛い目を見ている方は多数います。やるなら本気で勉強して参入することを、本書を通じてお伝えしたいと思います。

不動産弁護士の大家さん日記①

不動産を購入するきっかけ

私が初めて賃貸物件を購入したのは、弁護士になってまだ数年の頃です。そもそも弁護士になったきっかけも、実家の不動産トラブルを見て育ったからです。ですが、トラブルもあると知っていた反面、不動産賃貸事業に興味もありました。司法試験に合格すると1年間の司法研修があるのですが、その研修の時期から、法律書だけでなく、不動産投資関連の書籍や、不動産・建設業界の書籍を読み漁るほどでした。

最初から純粋に興味があったので、「やってみたい！」という好奇心は強かったです。自分自身に、「不動産専門の弁護士」としてやっていきたいなら、大家さんの気持ちもわかっていたほうがいいな、という「物件を買うための言い訳」もありました。でも、高額な不動産を購入するのには尻込みする気持ちもあり、「いつかやろう」という気持ちのまま弁護士業務を行う日々が続きました。

ある時、不動産賃貸事業をしていた先輩から「『準備ができたら買おう』じゃ、いつまで経っても始められないよ。時間を味方につけるのが不動産投資だから、とにかく始めてみるのがいいよ」というアドバイスを受けて、優柔不断な私も遂に決心しました。働き始めて丸2年が経過したころ、具体的に物件を買う決意を持って、物件探しを始めました。

働き始めて間もない頃ですから、お恥ずかしい話、それほど貯金もなく、最初は、手ごろな中古戸建物件にしようと考えました。金額としても５００万円前後の物件であれば、万が一大失敗しても、頑張って働けば何とかなるかなとの考えもありました。

「不動産関係の弁護士なら、独自に美味しい物件を仕入れられるんじゃないの？」なんて思われるかもしれませんが、そんな美味しい話はありません。まず、自分が弁護士として関与した物件であれば、弁護士法上のコンプライアンス等の問題から、自分が買うなどということは全く考えられません。


知人の業者等から物件紹介を受けられる可能性についても同様です。知人の不動産業者等は、その頃から複数いましたが、「事情があって誰が見ても利益が出そうで、かつ、価格が低く仕入れられた優良物件」が稀にあったとしても、それを安く私が買わせてもらったとすると、その業者の利益を単純に私が取得することにほかなりません。すなわち、良い物件は知人などに回さず、単純に高く売ってしまえばよいということです。

そもそも、顔見知りだから、「安全・安心だろう」などという発想で取引したほうが、落とし穴にハマる気がしました。結局、「不動産関係の弁護士」でありながらも、購入物件の調査は、不動産投資物件のポータルサイトで、自分の購入条件に合う物件を絞って、仕事の移動時間等に小まめに調べ、気になる物件があれば詳細情報を取り寄せるという日々を過ごして探していきました。

余談になりますが、不動産会社との「コネ」による、市場公開していない物件の紹介は、現実に「ある」とは思います。ただ、誰でも買えて利益が出るといった物件の紹介は現実にはありません。不動産会社のオススメ物件は、株のＩＰＯのようなものではないのです（ＩＰＯに対する考え方が間違っていたら申し訳ありません）。

「コネ」による紹介物件とは、「訳あり」のため、公開しても買主の募集が難航する可能性が高く、「買える人」に直接話をもっていっているにすぎないのです。たとえば、相場を考えると割安な物件だけれど、融資付けが難しく、現金で５、０００万円をすぐに出さないといけない物件や、融資が付けられるかわからないけれども、売主が極端に売り急いでおり、物件も見ずに電話で買うかどうかを判断しないといけない1億円超えの物件などです。このような物件は、不動産投資ビギナーではまず購入決定できないものだと思います。一方で、「買いやすくて、儲かるよ」と案内される物件には落とし穴があるものが多いので、ご注意ください。

第 2 章

売　買

出口戦略での落とし穴

売却時の難しさについて知ろう

不動産は「買う」よりも「売る」ほうが難しい、私はそう考えています。そもそも、一般的にも、購入者になることは多くても、モノを売ることって少ないですよね。

最近はフリーマーケットアプリなどによって、容易にモノを売ることができるようになりました。それでも、クレームがついたときの対処、商品に不具合があると言われたときの対処など、モノを「売る」ときには諸々考える必要があります。低額の商品であれば、「納得しないなら、返金して終わり」という処理ができたとしても、高額な不動産はそうはいきません。

だからこそ不動産を売却する際には、不動産仲介会社に依頼してサポートしてもらうのですが、仲介会社に依頼するだけでは上手くいきません。不動産の売却時の「値付け」は自分でも考えていかないと、適切な金額で売却するのが難しいからです。

確かに、不動産仲介会社は売主の側に立って考えてもくれますが、不動産仲介会社は「取引を成立」させ、報酬をもらうことを業としています。そのため、多少、低い金額でも成約させるインセンティブが働きます。

他方、相場から離れた高額な金額をただ単に提示し続けていると、「この大家さんは何もわかっていない。手伝ってもムダだな」と不動産仲介会社に放置されかねません。すなわち、不動産の売却を専門家に依頼するにしても、やはり自身で考えて動いていく必要があります。

さらに、不動産売買では、金額決定の前提となる条件面も考えていかなければなりません。たとえば、アパートを同じ5、000万円で売るにしても、「瑕疵担保免責」「契約不適合免責」といういわばノンクレーム・ノンリターンの条件をつけているかどうかで、実際上の有利不利が変わってきます。

「契約不適合免責」のいわばノンクレーム・ノンリターンの4、800万円の売買と、「契約不適合責任あり」の条件での5、000万円の売買とでは、最終的にどちらが得かは一概に言えないのです（後記「売主の「瑕疵担保責任」「契約不適合責任」とは!?」参照）。したがって、不動産売買では、契約条件面と併せて金額交渉をする必要が出てきます。

その他、隣地との境界の確定等近隣との関係も重要です。境界未定地なら、境界を確定させていかなければなりませんし（後記44頁「売買契約をノンクレーム・ノンリターンにできる！――瑕疵担保責任・契約不適合責任の免責のその先」参照）。契約不適合責任を免責しないなら、設備等はどこまで補償するのかを決めなければなりません。売主としては、価格を決めるためには、その前提となるこれらの条件を決定していかなければなりません。

セミナーなどで私がよくお話しするのは、「決済まで終えた後には、法的な問題」になりますが、これは裏を返せば、契約不適合責任や瑕疵担保責任などの法的な問題も、「契約締結時までは金額交渉の一部にすぎない」ということです。すなわち、不動産を売るためには、単純な金額だけではなく、金額決定となる前提状況、法的条件を整理しておかなければならず、それができていないとなると、後に買主から損害賠償請求がきたり、その対応に追われたりといった想定していない出費を強いられることが多々あるのです。

そのため、売主としては、最低限、どのようなトラブルが起きうるのか勉強しておく必要があると言えるでしょう。

売主の「瑕疵担保責任」「契約不適合責任」とは!?

売主の責任として、一番に考えなければならないのは、従来「瑕疵担保責任」と呼ばれてきたものでした。もっとも、近年の民法改正は、売却の難しさに拍車をかけました。2020年4月1日から施行された改正民法によって、瑕疵担保責任から契約不適合責任へと、売主の責任が変更されたことで、より複雑になったのです。

●瑕疵担保責任は何が瑕疵かでよく揉める

まず、民法改正前の従来の「瑕疵担保責任」についてお話しします。「瑕疵《かし》」とは、「目的物が通常有する性質、性状を欠いていること」などと定義されます。要は、一般的に要求される品質、機能等が欠けていることを指します。

わかりやすく、具体例をみて考えていきましょう。

たとえば、購入した中古の自動車が壊れていて動かなかったとしましょう。中古自動車でも、一般的な売買と同じく購入した車で走行することが目的である、すなわち、走行できることを前提として購入していれば、瑕疵があり、瑕疵担保責任を追及できることになります。責任を追及できる理由は、中古自動車が壊れていることで、通常想定される「走行する」という機能が欠けているからです。

一方で、中古自動車でコレクション目的などで走らなくとも良いことを前提にした取引である場合、たとえば保有する車が特殊な車種なので、壊れている車からパーツを取ることを目的に中古自動車を購入していたのであれば、そもそも「瑕疵はない」ことになります。「瑕疵がない」のは、「壊れていて動かなくとも」それを前提にして購入しているからです。

パソコンなども通常は、いわゆるパソコンとして機能することを前提に購入しますが、「ジャンク品」といった表示のあるものは、パーツ取りなど動かないことを前提に購入することがあります。これも一緒ですね。

もう一つ具体例を見てみます。今度は土地です。

田んぼ・水田から宅地に用途を変更して土地を購入する場合、建物を建てることを前提としているので、水はけが悪く、造成したとしても、地盤補強などの造成工事の必要があります。このような土地で、建物を建てられるようにするには相当な費用が発生するので「瑕疵」があり、購入者は売主に瑕疵担保責任を追及できる可能性が高くなります。

他方、そのような地盤補強等の追加コストが発生するリスクを含んだうえで値段が付けられていて、買主が納得して購入しているのであれば、地盤補強費用がかかることが前提とされているので、瑕疵担保責任は発生しません。

2つの事例でみたように、どのような前提条件の下で値段を決定したのか、それによって、「瑕疵」に該当するかどうかが変わってくるというのが、瑕疵担保責任の考え方です。

ここまでは非常にわかりやすい例でしたが、一般的によくある揉め事は次のようなケースです。

２００坪の土地を、３区画の建売住宅が建築できることを前提にして、買主業者は購入金額に納得して購入しました。ただ、後から詳しく建築条件等を確認して配置してみると、がけなどの影響で建築規制がかかっており、２区画の住宅しか設計できませんでした。そこで買主としては「3区画前提」だったので、「2区画」しか建たず、瑕疵に当たると主張しました。

他方で、売主としては、あくまで「家を建てる」「建物を建てられる土地」ということしか前提条件になっておらず、２区画配置できるか、３区画配置できるのかは売主としては知ったことではない、瑕疵担保責任は認められない、と主張しました。

このような争いの場合、これまでの瑕疵担保責任の下では、「瑕疵」が、「一般的な性質、性状を欠くことをいう」という包括的な定義しかなく、その「瑕疵」に該当するかどうかも、当事者間でどのような内容で取り決めしていたかという曖昧な基準によって考えざるを得ないことになっていました。(*)

（＊）　裁判例：平成22年（２０１０年）６月１日判決では、「売買契約の当事者間で目的物がどのような品質・性能を有することが予定されていたかを基本的な判断基準とし、これに売買契約締結当時の取引観念を斟酌して判断すべき」とされています。

先ほどのケースは、両者の取り決めや前提条件については、基本的に契約書の内容等、文書で残っているものから判断していくほかありません。そして、この具体例のケースでは、一般的には、購入した土地から3区画取れることを前提としてそれを契約書に記載して取引するケースは稀であるため、一般論としては買主からの請求は認められないという結論に至ることが多いかと思います。

以上のように、「瑕疵担保」というマジックワードによって、取引ごとに何が瑕疵に当たり、何が当たらないのかが不明確になり得るという状況にありました。そのため、2020年4月から、次項のように「契約不適合責任」という責任に改正されたのです。

●2020年4月1日施行の改正民法で定められた契約不適合責任の内容

瑕疵担保責任は、「売買契約の当事者間で目的物がどのような品質・性能を有することが予定されていたか」によって、瑕疵かどうかを判定するというものでした。しかし、それでは曖昧になりやすいので、それらを、「契約」によって先に取り決めておきなさい、というのが契約不適合責任の基本的な考え方です。

従前は、「瑕疵」というマジックワードから、一般的に要求される品質・機能かどうか、また当事者の取り決め上通常期待されることか、という観点から瑕疵を判定していました。これが、「契約書」によって前提とした条件（物の品質や内容）を取り決めておきなさい、という決まりになったのです。

そのため、理想としては、契約書ごとに双方が前提とした事情を細かく列挙して、契約内容、すなわち、どこまでの品質、機能を有していることを前提とした土地、建物なのかを契約書に反映し、契約不適合責任の範囲を決めるという理屈になっています。

ただ、実際上の問題として、契約時にそこまで細かい条件を付けるには、取引ごとに法律に精通した弁護士ないし法務部が必要になるくらい、契約実務が煩雑になってしまいます。そのため、私の経験上は、実際には細かな契約上の取り決めはなされておらず、瑕疵担保責任の言葉をそのまま契約不適合責任へと変更して取引を進めている、というのが現状となっています。

そして、もともとこのような瑕疵担保の問題が後から起こるのが面倒だからと、瑕疵担保免責での取引が多くなされていたわけですが、同様に契約不適合責任についても「契約不適合責任免責」での取引が数多くみられるように思います（詳細は次頁以降参照）。

一般的な傾向として、中古物件の不動産であれば、ほとんどが契約不適合責任免責として取引することを第一に考えられています。もっとも、売主が業者の場合には、宅地建物取引業法（宅建業法）上の規制があり、契約不適合責任を負う形で売買することが多いと思います。

売買契約をノンクレーム・ノンリターンにできる！――瑕疵担保責任・契約不適合責任の免責のその先

●免責特約は付けられる

話を聞いているだけでも「瑕疵担保責任」や「契約不適合責任」って面倒ですよね。特に単なるモノの取引と違って、土地や建物では事前に調査しきれないイレギュラーな事情が出やすいので、非常に困ります。せっかく売れたと思っても、「契約不適合責任」のトラブルに巻き込まれれば、全く気が休まりません。

そこで、不動産の売却を考えている皆さんからは「ノンクレーム・ノンリターンにはできないの!?」という声が聞こえてきそうです。答えは「できます」。

ご説明してきた「瑕疵担保責任」や「契約不適合責任」ともに、双方の合意で「なし」として契約を結ぶこともできます。これが、不適合責任免責特約と呼ばれるものです。

前述のように契約不適合責任を考えると、売却した後、数か月から数年単位で売主は不安定な地位に立たされてしまいます。また、次項で述べますが、実際に契約不適合責任を追及できるとしても、手続が煩雑でかつコストがかかることが多いです。ならいっそのこと、免責特約をつけて、双方後腐れないようにしておこう、免責特約を前提にして代金額を決めてしまおう、というわけです。この特約（契約不適合責任免責特約）のある「ノンクレーム・ノンリターン」での不動産の売買が、改正前の瑕疵担保責任の時代から、非常によく利用されてきました。

●免責特約は、「付ければ終わり」ではない

かなり複雑な話をしましたが、まず基本的に売主側としては、免責特約をつけて契約不適合責任なし、の契約で進めていくのが良いと思います。ただし、最近はこれで終わらずにトラブルが長引くことも多くあります。その原因が次の民法の規定にあります。

> （担保責任を負わない旨の特約）
> 民法第５７２条
> 売主は、第５６２条第１項本文又は第５６５条に規定する場合における担保の責任を負わない旨の特約をしたときであっても、知りながら告げなかった事実及び自ら第三者のために設定し又は第三者に譲り渡した権利については、**その責任を免れることができない。**

契約不適合責任免責特約を付けたとしても、売主の側で「知っていた事実」については、免責特約では免れないという条項がこの民法第５７２条です。売主側が知っていた契約不適合まで特約を理由に免責するのは信義則上おかしい、ということで、この条項が設けられています。

この民法第５７２条によって、「知っていたかどうか」が問題になるケースでは、免責特約だけできれいさっぱりと終わらせることができなくなってしまい、トラブルが一つ増えてしまうことになります。また、「知っていたかどうか」というのは、背景事情等によっても変わってくるので、一義的に回答できず厄介な問題です。

たとえば、戸建賃貸で貸していた物件をオーナーチェンジ物件として売却したときを考えてみましょう。購入して数か月で入居者が退去したため、家屋内を確認したところ、かなり重要な柱が勝手に撤去されており、倒壊の危険性がある家屋であることが判明したような場合、売主のオーナー自身もオーナーチェンジで購入しており、家屋内に入る機会がなくて、重要な柱が撤去された事実を全く知らなかったという可能性もあります。

他方、長年保有している物件であり、その間に修繕のために家屋内に入る機会があったとか、入居者の変更時に原状回復の確認等で室内に入る機会があった、などの事情があれば、「重要な柱が撤去された事実」を知っていた可能性もあり得ると言えます。

このように、「知っていたかどうか」を問題にすると、個別事情を考えないと契約不適合責任を追及できるかどうかも判然とせず、この点で難しい問題が生じます。

また、売主の「知っていたかどうか」が問題になる場合には、売主の事情が大きく影響します。買主側としてはどのような証拠が出てくるか判別できず、強気で追及したほうが良いのか、やはり諦めるほかないのかという点の判断自体も難しいという問題も生じます。

実際に瑕疵担保責任や契約不適合責任の問題が生じたら？

ただし、これまで不動産案件に注力して弁護士をやってきた経験からすると、この瑕疵担保責任・契約不適合責任の問題は、トラブル数は多いものの、最終的に裁判まで移行することは少ないです。

では、実際に、瑕疵担保責任や契約不適合責任の問題が生じないような取引とするには、どのようなことを頭に入れておくべきかを見ていきましょう。

●契約不適合の実際例

大小ありますが、契約不適合責任トラブルは多々発生しています。小さいものでは、建物を解体したところ、瓦礫が地中から出てきて、数十万円の撤去費用が発生したというもの、大きなものでは、建物から漏水が発覚したとか、建物解体後地中から大きなコンクリート片が発見されて、土地や建物の購入価格と同額程度の修繕費用や解体費用、撤去費用が発生した、などです。

●買主側が法的責任を追及する場合の負担

このような契約不適合責任を追及できる場面が生じた場合、法的手続のコスト負担が非常にネックになってきます。たとえば、5、000万円のアパートを購入したところ、後に漏水が発覚し、工事費用および工事中の家賃補償等で合計1、000万円の損害賠償が生じたという例で考えてみましょう。

現行の裁判制度では、法的な請求を行う側の手続コストの負担が非常に大きくなります。今回の事例でみていきますと、まずは仲介会社を通じて売主に修繕費等の負担を要求することになるでしょう。

そこで、売主が任意に損害賠償額を負担してくれれば話は簡単です。ですが、一般的に数十万円ならまだしも、数百万円の支出になってくると、理由を付けて減額、または応じてくれないのが実情です。損害額が１、０００万円を超えてくると、よほどのことがないと裁判手続までやらないと解決しないことが多い印象です。

さて、このように損害賠償請求をしたとしても、売主に突っぱねられてしまった場合、買主としては、裁判を起こすほかありません。もっとも、このような場合、漏水が発生したことおよびその原因等は、建築士の診断を受けて意見書を作成してもらう必要があります。

瑕疵が、比較的容易に立証できるものならよいのですが、漏水ともなると建築士の協力が必要になります。まずはそのために建築士の先生への依頼費用が必要になってきます。もちろん、物件の大きさや診断内容等によって費用は変わってくるのですが、経験的には少なくとも50万円前後はかかることが多いです。

次に裁判ともなると、弁護士費用が発生します。弁護士費用も現在は自由設定になっているのですが、弁護士会で過去に用いていた算定基準を用いて、事案ごとに金額が増減するような事務所が多いと思います。

そのため、対象物件等の利益額によって大幅に変わってきますが、やはり裁判ともなると、

100万円以上の費用が発生することが多々あります。弁護士目線での言い訳に聞こえるかもしれませんが、裁判は短くても1年前後はかかることが多く、その間に毎月1回の出廷およびその都度法的書面作成等を行っていくことを考えると、やはり100万円以上の費用がかかることが多いです（裁判を提起するだけで数百万円の費用が発生してしまいます）。

さらに厳しいことに、請求する側は、簡単に100％勝てるわけではないという事情もあります。裁判というのは、思うほど便利な制度ではなく、勝訴した場合に勝訴した金額を自動で振り込んでくれるわけでもなく、相手が納得して支払わなければ強制執行手続という別途の裁判手続を行う必要が生じます。

また、強制執行手続のためには、別途弁護士費用が発生しますし、そもそも相手の財産を調べるのも請求する側の責任になるため、相手方が不動産等を保有していなければ、財産を差し押さえられず、絵に描いた餅ならぬ、判決文に書かれた餅になってしまい、裁判に勝っても相手方の財産から回収できない、ということもあり得ます。そうすると、完全勝訴できる場合であっても、執行不能リスク等を考えて、本来請求できる額の8割前後くらいの金額で和解するというのは、よくある話なのです。

ここまで読んでいただいた方には、手続コストまで考えると事実上、契約不適合責任を追及することは難しいんじゃないの？　という点をご理解いただけたかと思います。このような背景事情があるため、実務的には数百万円程度の損害額であれば、とにかく早期に相手方と交渉して一部でも負担してもらい、落としどころを探っていくほかないということが言えるかもしれません。

また、別角度からの負担として、法的手続には時間がかかるという点も挙げられます。実際に、瑕疵がある不動産をつかんでしまった不動産会社や投資家の方でも、腰を据えて勝てるかどうかわからない裁判に賭けるというよりは、損失が出るのを承知で転売するという選択肢をとることも少なくないでしょう。

私が実際に受けたご相談でも、勝訴可能性が低いと判断して、そもそも訴訟提起せずに、損失が出るのを承知で業者へと売却し解決を図った事案がありました。他方で、勝てる見込みは高いが、売主が一個人で、売却代金をどこかに隠してしまっており、勝ったとしても回収できない可能性が高いため、結局、第三者に転売して解決を図ったというものもありました。

弁護士がいうと元も子もないのですが、「法的に正しいこと」を正しいと証明するための時間やコストが発生してしまうことから、世の中、「正しい」ように物事が進まないということも事実としてあるのです。

●ではどうする？　具体的な不動産売買のリスクヘッジを考える

【買主側の視点での対策】

では、泣き寝入りしかないの？　と重たい気持ちになってしまったかもしれませんが、ご安心ください。そうではありません。

この契約不適合責任に関しては、起きた後には法的に処理するほかありませんが、契約前であれば、売買代金決定の一要素になるのです。いわば、たとえば契約不適合責任を免責するのであれば、その分代金を減額するべく交渉すべきですし、仮に何らかの事情で調査ができておらず、不測の事態が発生しそうな要素が大きいのであれば、その分の価格交渉をすべきです。また、それらの価格交渉が全くできずに、リスクが不確定な物件であれば、そもそもリスクまで考慮すれば採算の合わない物件だとして購入を見送ればよいのです。

誤解をおそれずに言うなら、決済後に契約不適合等を発見してしまった際には、もう手遅れという場面はあります。そのため、契約前にリスクの洗い出しと、そのリスクを踏まえた代金額交渉をなすべきなのです。すなわち、不動産取引においては、法的な売買条件も代金額決定の大きな要素であることを理解、勉強しておかなければ、遅れを取る可能性があると言えます。

したがって、決済後に契約不適合責任を追及するほかない時点では手の打ちようがない状態であったとしても、その前の契約交渉、そもそもどの物件を購入するかの時点では十分にリスクヘッジする機会が与えられていると言えるのです。高額な不動産を購入するのですから、仲介会社や売主に嫌な顔をされても、「注文の多い買主」であることは、自分の身を守ることにつながっていくでしょう。

弁護士の私がいうのもなんですが、大家業を行うにあたって、「法律が守ってくれる」なんて甘いことを考えていてはいけません。裁判所は、国家による紛争解決機関でしかなく、また、法律もトラブルが発生した場合にできる限り公平かつ合理的に解決しようとするルールでしかありません。法律は、必ず個々人を不測の事態から救ってくれるというものではないのです。大家業を行ううえでは、法律の限界についても勉強して、自衛していくべきでしょう。

【売主側の視点での対策】

売主側も同様です。近年は、海外のように日本でも法的な意識が高まりつつありますが、それは一歩間違えばクレーマーのように過剰な法的請求に自分が巻き込まれる危険性もあるということです。

まずは、価格交渉をされたとしても、契約不適合免責特約を入れた契約にすることです。次に、大家さんが「知っていたこと」については、免責特約をひっくり返される可能性がありますから、保有した物件の記録化は重要だと思います。また、仮に自分が知っている可能性があることについては、先に事情を話してそのうえで代金額を決定しておいたほうが良いと思います。

裁判は最後に勝とうが負けようが、相手が起こして来たら付き合わざるを得ません。裁判はどうしても自分一人で対処するのが難しいですし、巻き込まれるだけでも弁護士費用が発生してしまいます。そのため、とにかく巻き込まれないように、できる限り誠実に取引に臨むのが良いと思います。

売却時の近隣リスクを知っていますか？

ここまで、物件自体に目を向けて売却のお話をしてきましたが、売却するときには近隣との兼ね合いも非常に大事になってきます。近隣リスクの話は、実際に売却した経験や、不動産の実務を知らないとなかなか考えられないリスクではないでしょうか。

●不動産の価値は、周囲にも影響される!!

まず、不動産の価値自体が、周りのものに影響されて決まることを、少しお話しさせていただきます。たとえば、「富士山が見える高層マンションの1室」を考えてみましょう。この物件は富士山が見えることで人気があり、売却値が高くなる傾向にあります。

他方、「隣の家がゴミ屋敷の戸建」物件は、臭いが気になりますし、隣の住人が偏屈かもしれません。また、ゴミから失火なんてしたらと怖くなってしまいます。このように、そもそも不動産は近隣の影響を受けて、値段が上下する性質をもっています。

これだけわかりやすい例なら、まだ良いのですが、近年は高齢化社会に伴い非常に発見しづらい近隣からの売却リスクを抱えるものが増えています。

●土地の売主には、境界明示義務がある

さらに、不動産、特に土地を売却する際には前提として、その土地の境界を明示して売却する義務があります。「土地」というのは、境界によって区切って、「一筆」の土地と呼ばれる、一つの土地として扱われます。すなわち、境界があやふやだと自分の所有権の範囲も曖昧な状況のままなので、売りづらいのです。

「売主の義務」と表現しましたが、「境界明示できないと売却は不可能か？」と問われればそうではありません。ただ、売りづらくなる、売却代金が下がる、ことになります。売主と買主が納得していれば自由な契約によって売買できるので、境界が曖昧であってもそれを納得するような買主であれば、購入してくれます。もっとも無条件ではなく減額交渉を受けるでしょう。

また、一般的なマイホームを持ちたいような個人の層は、そうした土地は買わないでしょうから、投資家ないしは不動産会社など、プロ目線での厳しい値付けしか受けられないことになります。

したがって、基本的には、土地を売るためには「境界確定測量」という方法で近隣の方々の立会のもとに境界を確定し、そのうえで売却する必要があります。

●境界確定測量が進まない……

ここで、私が強調したいことがあります。それは、この「境界確定測量」が進まないトラブルについてです。先ほど、境界確定測量は近隣の方々が立ち会ったうえで境界を確定していく測量手法とお伝えしたように、「近隣の方々の立会」＋「境界に争いがないこと」が必須になります。この手続でトラブルになったというご相談を多く受けますので、一部をご紹介します。

【頑固で受け付けない】

まず、境界確定測量を行うには、正方形の土地をイメージして、境界を接する大抵3〜4軒の隣地の方々に立ち会ってもらって測量を行う必要があります。その中に、仲が悪い、頑固な方が混じっているとそれだけで大変です。そもそも、不動産売却に興味のない3〜4軒の隣地の方に時間を作っていただき立ち会ってもらう、この調整だけでも数週間かかります。それなのに、昔の先代との仲が悪かったときの話などを持ち出してきて、こじれるともう大変です。

結論から言いますと、境界確定測量を理由もなく拒否する方がいたとしても、それを強制する効果的な手続はありません。境界を強制的に確定する手段としては、行政による「筆界特定手続」ないし裁判所による「境界確定訴訟」が手続としては存在しますが、単に不動産を売却したいだけなのにこれらの手続を行っていたら、それだけで数年かかってしまいます。また、手続コストも多大な額になります。そのため、ごねる隣人がいた場合、本当にどうしようもないのです。

現実的には、土地家屋調査士や不動産仲介業者など、実際に手続に携わっている方々をまじえて繰り返し交渉し、納得してくれるまで話を続けるほかありません。安易に実行はできませんが、多少のお礼を包んで進められるなら、こんなに楽なことはないくらいです。

これぐらい、境界確定測量の中断トラブルは厄介な問題を抱えています。

【高齢で不在、あるいは認知症】

境界確定測量問題には、もっと怖い話があります。

一つは、隣地所有者が高齢の方などで居所不明のパターンです。ご高齢の方では、体調が悪く病院に入院しているとか、老人ホームに入居したなどによって、所在不明に陥るケースが多々あります。老人ホーム等の施設入所の場合には住民票を移すケースもあるので、住民票が移動していれば、住民票を追跡して何とか居所を特定できる可能性はあります。

ただ、この追跡も他人の個人情報の追跡のため、容易にできることではなく、どうしても事態が好転しない場合は、境界確定訴訟等の前提手続として弁護士による追跡調査をするほかありません。

また、病院に入院されている場合は本当に特定が難しいです。隣地所有者が入院しているといったことは、誰かしら身内の方と連絡をとる手段がなければ、外部からは知りようがない情報です。以前に相続絡みの訴訟案件のために居所不明のご老人に訴訟提起をしなければならない場合がありましたが、このときも結局居所が特定できず、「公示送達」という特殊な手続を利用して判決取得まで至りました。

「弁護士でも無理だったら、どうなるの？」残念ながらもう基本的にはどうにもなりません。弁護士の職権による調査でも特定できない相手方ですと、費用対効果が悪くとも訴訟手続によって解決するほかありません。残るは、「探偵」などを頼るしかないのですが費用も高額ですし、結果が出るかもわからないので、なかなか依頼まではしづらいでしょう。

そのため、隣地の居所不在者に対する境界確定測量が実行不能な場合には、何らかの立法措置による解決方法などがあってもよいのでは、と考えてしまうほどです。（＊）

（＊）　２０２３年４月１日に施行される改正民法では、隣地との「相隣関係規定の見直し」、「共有制度の見直し」、「所有者不明土地管理制度等の創設」などが設けられており、立法的解決も徐々に図られている状況です。

２つ目は、隣地の方の所在がわかっていても、認知症の方である場合です。認知症の方が隣地所有者の場合、意思能力が低下しており自身で判断ができない状態ですから、「後見人」など代理できる方に確認してもらう必要があります。

もっとも、後見人が正式に付いていればよいのですが、認知症であるにもかかわらず、ご家族がお世話をして法的な後見人がいないご家庭は世の中に、ごまんとあります。そのうえで、自らの家庭の相続等のために後見人を付けるならまだしも、隣地の不動産売却のために後見人を付けてもらうことは、まず期待できないでしょう。また、親族でもないので、後見人選任の手続自体も行えません。

したがって、認知症のケースでも結局は、訴訟手続まで利用しないと売却できないことが多いのです。

【越境問題】

次に、境界確定測量が呼び水になって、越境問題が発生する可能性もあります。昔に測量したままの土地では、塀などが境界線を越えているといったトラブルが、起こりがちです。こうした越境問題も、法的手続で解決するのは非常に難しいです。

原則的な手続で言いますと、何らかの境界標等、境界を示唆する証拠から越境の有無を判定し、越境していた場合には、所有権に基づきその塀等を撤去するよう隣地の方に請求できます。これが原則です。

ただ、このような訴訟を実際に行うためには、①境界標等の認定の問題をクリアし、②時効取得等の法的ハードルをクリアし、③さらに、裁判に勝ったとしても強制執行手続や裁判費用の負担というコスト負担をクリアしなければなりません。したがって、現実的には、越境問題のために裁判をやり切るのは非常に困難だと言えます。

そのため実務的には、「越境物解消の覚書」などを交わすことがほとんどです。双方の合意が取れれば、①壁が越境していること、②次に塀を建て替える際には越境を解消すること、大抵このような覚書を交わしてお茶を濁すのです。要するに、問題の先延ばしですね。

もう一つ、実務的な解決方法としては、越境部分の土地使用料を払うとか、越境部分の土地を買い取るなど、金銭によって精算する方法があります。

裁判でしっかりと解決するのは、費用対効果に合わないことが多いので、当事者では解決できず弁護士が関与して解決する場合でも、「越境物解消の覚書」ないし「金銭による精算」のどちらかの方法を取ることが多いと思います。

●結局、近隣トラブルの解決方法はない？

残念ながら、近隣トラブルは自分の家庭だけの話に止まらず、しかも3～4世帯が絡む可能性が高いので、効果的な解決方法が存在しません。強いていえば、古い土地を購入しないようにして複雑な権利関係には入らないようにするとか、ご近所付き合いを密にして、近隣と仲良くしておく程度しか対策方法はないと思います。

居所不明のケースでは、本人以外のお子さんやご親戚等の連絡先を知っておくことで、居所が判明する確率がぐっと高まるかもしれません。また、そもそも、比較的近年に測量がなされていれば、境界標等もしっかりしており、境界トラブルが発生する可能性は下がるとは思います。怖がらせるだけ怖がらせて効果的な対策方法がないということで恐縮ですが、不動産を売る際にはこんなハードルもあることを一人でも多くの方に知っていただければと思います。

まとめ

出口戦略のチェックポイント

この章では、不動産の売却時に生じる問題、買うより売るほうが難しい点を皆さんに少しでも知っていただきたいという思いをお伝えしました。

なお、『売却益』ではなく『賃貸収入』だけで不動産投資を考えているので、うちは、売却リスクを考えなくてもよいなと感じた方、それは間違いです。仮に不動産を保有して、その世代では手放さなかったとしても、次の世代で売却する場面が生じるかもしれません。

また、売却しない場合でも、少なくとも、リフォームないし建替えの問題が発生してきます。今回は、売却について触れましたが、リフォーム・建替えの判断も、ただ「買う」よりも非常に難しい問題をはらんでいます。この辺りは、第4章も参照いただきたいのですが、とにもかくにも、不動産賃貸事業を営むうえでは、「売却」の難しさも理解して参入していただきたいと思います。

さて、最後に、売却時に想定して考えるべきポイントを整理します。

●売却のタイミング

どの時点で手放すか、これは保有する物件の目的とともに、ご自身やご家族のライフプラン等を踏まえて考えていくべきだと思います。特に、長期保有すべき物件は、収益性や売却益が高くなるよりも、賃貸需要が安定しており、法的トラブルが少ない物件が良いと思います。

他方、収益性は高いけれども、変わった形状をした土地の物件だとか、高低差のある擁壁上の物件ともなると、リターンが大きくとも、売却するにも一苦労ですから、売却すべきタイミングを積極的に考えていくべきだと思います。

●売却額の相場と売却を手伝ってくれる業者

売却する場合には、売却金額の相場観を勉強する必要があります。売却の場合には、複数の不動産会社に相談をして、また「大家の会」(＊)など投資仲間にも相談しながら、適切な相場をみつけていくべきです。

(＊)「大家の会」…不動産業界はクローズドな情報交換がなされる世界なので、「大家の会」などと呼ばれる場に不動産投資家が集まって、情報交換、勉強会、飲み会などを行うことが多いです。

特に、不動産の世界は、クローズドなコミュニティになる傾向があります。したがって、売却するためには、そのような特殊なコミュニティでのコネクションもあったほうが、より有利に、また重要な情報を集めることができるでしょう。すなわち、仮に売却しなくとも、売却すべき相場はどのくらいか、タイミングはどうかと常々考えていくべきではないかと思います。そうでないと、上手くいっていた不動産賃貸事業も何か大きなトラブルに飲み込まれて、貯めていた利益をいきなり吐き出してしまうという事態にもなりかねません。

●近隣の状況

近隣の状況は、コントロールしづらいところですが、前述したように、近隣の方とのトラブルが相当数発生していることも知っていただきたいです。高齢化社会が進み、独居老人や空き家、所有者が所在不明の土地の問題は社会問題化しつつあります。「価値のあるものだから、困ったら売ればいいや」というのでは、肝心な時に、上手く売却できないケースもあるのです。

●「不動産賃貸事業」の特徴

不動産賃貸事業というのは、時間が長くかかるものの、資産性も高く比較的安定した収益事業です。ただ、トラブルが起きると、その損失を取り返すのにも時間がかかります。

また、「不動産」というのは金銭換算するのに非常に時間がかかり、難しいという特性も有しています。株式や投資信託がすぐに現金化できるのと異なり、不動産は、早くて数か月、場合によっては、解決まで数年かかるトラブルに巻き込まれることもあり得るという特質を知ってほしいと思います。「収益アパートを残してあげれば、残った家族も安泰だろう」との安易な考えでの参入はやめておいたほうがよいでしょう（この点は第４章でもお話します）。

厳しいようですが、売却時の難しさと生じ得るトラブルは、安易に「不動産投資は儲かる」と思って始める方には、知っていただきたい真実なのです。

不動産弁護士の大家さん日記②
いざ初購入

「物件を購入するぞ！」と決めた後の行動は、迅速でした。何かに「ハマる」と異常な集中力を発揮するのが私の性格なのです。秋口の10月前後から物件を探し始め、移動のときにも、仕事を終えた後にも、ベッドに入った後にも、「ソシャゲ中毒」ならぬ、「不動産ポータル中毒」になったように、物件情報をみていました。資料取り寄せから、現地確認まで、なかなか時間を割けませんでしたが、「これは！」という物件があったので、休みを潰して少し離れた場所まで物件を見に行ってきました。ここまでで物件を探し始めてから1～2か月ぐらい経っていたと思います。

その時は、掘り出し物件が見つかったと思いましたが、当時みても現在みても、そうでもないのですね。特に、当時は、「リスクがある物件にこそ、価格の歪みがある！（＝利益が出る可能性がある）」「弁護士なのだから、いざとなったら自分で解決すればいい！」と、なかなか若気の至り的な安易な発想だったと思います。ただ、結果としては、この時の勢いのまま購入まで進めてよかったなと思っています。

さて、物件スペックの概要ですが、①築50年を超える築古戸建、②表面利回り12％程度、③諸々法的な問題あり（購入時から自覚あり）、④居住者は外国の方、⑤駅徒歩3分程度でした。近隣駅は小さな駅ですが、2～3駅いくとショッピングモールがあるような大きな駅に行けるので、私の感覚だと「不便ではない」という印象でした。購入金額は、諸々含めて700万円弱です。

さらにスペックの詳細をいうと、「お前は偉そうに本まで書いておきながら、何を買ってるんだ！」と先輩大家さん方から怒られそうなので、この辺で勘弁してください。なお、返済額を除いて手残り月3万円ぐらいでした。ですが、頭金も入れていますから、月3万円の不労収入というイメージはなく、どちらかというと、「実験」的な感じで購入を進めた印象です。

築古戸建なので、不動産業者が購入後リノベーションして、賃借人付けまで終わっている物件でした。当然、その業者の利益は乗った金額になっていますが、購入者側としては、買った後、とりあえず数年は手間をかけず賃貸できそうでしたので、そのまま購入を決めました。この辺は等価交換だと感じるのですが、自分の作業量を増やせばより利益を出せる物件を選べたかもしれません。ただ、弁護士業が本業のなか、割ける時間も少なく、多少利益が減っても「買える物件を買う」という方針のもと、ドンドン進めていきました。

売主が業者のため、重説（宅建業法第35条で宅建業者に課されている重要事項説明の略で、不動産についての建築制限や道路付け等の重要な事項を説明すること）もしてくれるので、特に買主側の私のほうでは仲介会社は付けませんでした。司法書士は買主負担、買主指定でよいとのことでしたので、知人の司法書士にお願いしました。融資については、売主不動産会社のほうで動いてもらい、アテンドしていただきました。融資状況が悪くなってきた時期なので、3割程度の頭金を入れて、残りが融資という割合だったと記憶しています。

なお、それまで確定申告は自分でやっていたのですが、賃貸物件保有後は、税理士の方にお願いしました。1年目は不動産賃貸事業のみに限って格安でやってもらい、2年目からは弁護士業と併せて顧問税理士としてお願いしました。

そんなこんなで、秋口10月頃から活動を始めて、結局、年明けの1月頃には、契約から決済まで終えて、晴れて物件オーナーになりました。働き始めて、3年目になろうかという頃です。当時は独身でしたし、優柔不断な割には、決めるとドンドン進めるタイプなので、勢いもあったなと思っています。

第 3 章

建 築

土地仕入れ新築スキームの
落とし穴

増える土地仕入れ新築スキーム、その実態とは!?

読者の皆さんは、「土地から新築」というワードを聞いたことがあるでしょうか？　最近、東京近郊では、「土地から仕入れて、アパートを建築し、賃貸経営を行う」、土地仕入れ新築スキーム（「土地から新築」）が流行っています。

今、「土地から新築」が「流行っている」と言いました。ただし「流行っている」というのは、少し語弊があります。土地仕入れ新築スキームは、すでに2019年頃から有名になってきた投資手法だというのが正確な表現です。

従来は、すでに不動産会社が建築した「新築物件又は中古のアパートを購入して、賃貸に出す」というのが一般的な一棟アパートの投資手法だったのですが、土地仕入れ新築スキームでは、不動産投資家個人が、土地を自ら仕入れて、設計事務所、工務店・建築会社に依頼し、自らアパートを建てて、そのうえで、賃貸アパート経営を行います。

従来、ディベロッパー（土地にビルやアパートを建築して販売している不動産会社）が負っていた建築業務および建築リスクを、不動産投資家自らが負担することで、従来型の不動産投資よりも利回りが数％良くなるというのが、土地仕入れ新築スキームの特長です。

具体的にみてみましょう。

土地値が5、000万円、建築費が5、000万円で、アパートを建てたとします。その後、入居者をつけて、年間賃料収入1、000万円の利回り10％の物件が建てられたとします。これを「土地仕入れ新築スキーム」のように、投資家個人ですべてを段取りしていれば、1億円で利回り10％のアパートを取得できたことになります。

他方、ディベロッパーがこのアパートを建てたとすれば、ディベロッパー自体の利益が乗せられて、たとえば、投資家への売却値は1億2、000万円になるかもしれません。そうすると、最終的に投資家の方が保有する際には、1億2、000万円で年間1、000万円の賃料収入ですから、約8％程度の利回りになります。

土地仕入れ新築スキームであれば、土地値が高額で利回りが出づらい東京近郊でも、不動産投資として魅力的な利回りの物件を保有できます。近年、この手法は有名になり、私の周りでも流行っているように感じます。

土地仕入れ新築スキームが増えているのには、もう一つ理由があります。それは比較的融資付けがしやすいということです。2018年のスルガショックなどの不正融資が社会問題となり、各金融機関の賃貸物件への融資は引き締まった、と言われています。そのため、特に中古の物件や投資目的の物件購入の融資では、従前より高額の頭金が必要になったり、そもそも融資審査が通りづらくなったり、という状況になりました。

土地仕入れ新築スキームでは、賃貸アパート購入名目ではなく、土地を担保に入れての建築資金名目になり、新築の物件での融資であるため、比較的融資審査が通りやすいのです。

ただ、ここまでの話を聞いて、「ディベロッパーの利益分を得するなら自分もやってみよう」と感じた方がいる一方で、「ディベロッパーの仕事を投資家がやるから、その分利回りが高くて当然じゃないか?」と感じた方もいるかと思います。後者ももちろんそのとおりです。

それでは、この手の「ディベロッパー」の仕事の業務負荷や専門性等はどの程度あるのでしょう?

●多岐にわたるディベロッパーの仕事

先に断っておきますが、ディベロッパーと呼ばれる不動産会社の仕事は、非常に多岐にわたります。そもそもいわゆるディベロッパーとは、未開拓の土地などの大規模な土地を買い取り、その土地一帯にホテル、オフィスビルやショッピングモールの配置などを含めた街づくり全般を行うレベルの会社を指すことが一般的かと思います。このような大規模で専門性が高い事業は、まず個人では代替不可能です。非常に専門性の高い部分もあり、私が言及できないレベルのものまで多種多様です。

したがって、ここではあくまで一般的な大家さんが手を出せるような、すでに宅地に造成されている土地を前提に、２～５階程度の比較的小規模な賃貸アパートを建てる場合の業務についてのお話をします。

さて、「土地から新築」で大家さんが代替するディベロッパー業務とは、

①　土地の買付
②　その土地への建物の規模や間取り等を設計事務所へ依頼し決定すること
③　そのうえで、工務店等具体的に建設工事を行ってくれる工事会社に依頼すること

の３つです。①土地を買う、②設計事務所に依頼する、③工務店に依頼する、と言えば代替可能な業務にも思えてきます。実際に、自宅を建築する場合、間取りなどが最初から決まっている建売住宅ではなく、注文住宅を建てる場合には、個人でもこのようなやり取りを行います。

また、土地を購入した不動産会社、または付き合いのある設計事務所、工務店などとどこかしら接点があれば、知人の会社や詳しい方を紹介してもらえる可能性もあるため、何か一つでも、とっかかりがあれば、進められる可能性があります。

ですが、どのような土地を仕入れ、どのような間取りで、どのような建築費であれば、融資等を考慮してでも採算が合うかを試算して、建築会社に依頼するという作業だけでも実際に行うのは簡単ではありません。

そのため流行っているといっても、すでに大家業を数年経験し、「大家の会」などでかなり勉強した後に着手することが多いと思います。人任せにしてばかりでは、それぞれの費用対効果等を厳密に審査することができず、結局、建築コストを抑えて利回りの高い物件を保有することはできません。そのため、不動産賃貸事業を行う方でも、セミプロにかなり近いレベルの人が試みる投資手法だと思います。

そもそも「土地から新築」を行おうとすれば、かなりの勉強、知識量やコネなども必要になったりするのですが、それらを手にしたとしても、良いことばかりではありません。土地仕入れ新築スキームを実践するには、リスク対策がより重要になってきます。特に本書では、弁護士だからこそ、これまで経験した「土地から新築の落とし穴」「トラブル事例」をお話しさせていただきます。

建築工事の追加工事代金トラブルは未然に防げるか？

●アパートの建築は設計会社・建築会社に頼めばよいだけではない

皆さんは、建築工事を「無事に」完了させるだけでも、かなりの難易度になることをご存知でしょうか？

「設計会社・建築会社に頼めばいいだけなんじゃないの？」というのは、もっともな疑問です。相続などで承継した土地に、サブリースを含めてマンション建築するようなことが非常に流行っていますが、実際に自ら土地を仕入れてアパートを建てるための設計や建築を行うのは設計会社であり、建築会社ですから、不動産投資家自身で設計や建築の知識が必要なわけではありません。しかし、土地仕入れ建築スキームの場合、本来の不動産投資で発生していた「不動産取引」「賃貸経営」上のリスクに加え、「建物建築のリスク」が加わってきます。

前置きが長くなりましたが、実際にあった実例をもとにトラブルと解決事例をご紹介します。

●そもそも建築工事は、最高難易度の契約類型!?

建築請負工事トラブルの「あるある」なのですが、追加工事代金に関するトラブルは非常に多いです。当初５、０００万円の設計建築一式工事で契約していたにもかかわらず、追加工事等が発生して、最終金額が6、000万円になってしまったというケースです。

施主の不動産投資家からすれば、「聞いてない！　後出しで値段を上げるな！」という言い分になり、施工会社の建築会社からすれば、「当初の見積にない工事が増加した！　部材もグレードの高いものに変更したじゃないか！」という言い分になることが多々あります。本当にこの追加工事代金トラブルは、よく発生します。

なぜこのようなトラブルが多くなるか。一言でいうと、その原因は建築請負契約（リフォーム契約）の性質、特殊性にあります。近年、悪質リフォーム会社などが問題になり、建築会社側の法務体制の杜撰《ずさん》さだけがクローズアップされがちですが（それもなくはないのですが）、私はそれだけではないと思っています。施主も施工会社もどちらも建築請負契約の難しさを理解して進めなければ、お互い非常に痛い目をみることになります。

建築請負契約は、契約金額が高額であることもあり、細かい仕様等を決め切らずに、総額○千万円のような定め方をすることが多いです。もちろん、見積書、仕様書には、大まかな部材と工事概要から、総額○千万円と見積はするのですが、工事を進めていく中で、追加工事や仕様変更等をしていくことも非常に多いのです。

特に、地盤、建築規制、土中埋蔵物等々、工事を開始してみないとわからないこともあります。仕様についても、実際に工事してみると配置等の関係で部材を変えないといけなかったりすることもあります。この辺りは、実際に建築請負工事の実務をみていると、契約時にすべて決め切ることの困難さは嫌というほどわかってきます。

他方、法律、契約の基本からすると、「契約締結時点で、工事内容・工事代金を決めておきなさい」というのが基本的な考え方です。トラブルが生じた場合には契約時点の取り決めをもとに解決していかねばなりません。ただ、実務上は、契約時点では、すべてを決め切ることはできず、ほとんどの工事で工事内容の追加変更をしていかねばなりません。

そうすると、実際上は、工事しながら工事内容を変更することでより詳細が決まっていくという実務と、契約時点で取り決めをしっかり行っておきなさいという法律（法的に整理すると、本来は、契約時の建築請負工事契約だけではなく、追加変更の必要が生じたその都度、契約内容の変更契約がなされたと整理できます）との間でギャップが生じてしまいます。そのため、追加工事とその代金で、揉め事が非常に多くなるのです。

要は、変更したら、変更内容とそれに対する工事代金をお互いしっかりと取り決めなければならないのです。ただ、これができておらず揉めるケースが非常に多いわけです。

工事会社側　「当初と設計を変えなきゃいけないので、工事内容を〇〇〇に変更してやっておきますね」

不動産投資家側　「了解しました！　よろしくお願いします！」

こんなやり取りだけで、工事内容を変更してしまいがちです。

そして、工事完成、建物引渡しの段階になって、工事会社から「工事内容に変更があったので、追加で200万円かかりました。こちらもお願いしますね！」

不動産投資家　「えっ、聞いてないんだけど」

工事会社　「えっ、言いましたよ。作業員の人件費などでこっちもお金かかってるので、絶対払ってください」

不動産投資家　「いや、聞いてない。当初の融資計画にもないし、払いたくても払えないよ……」

建築工事トラブルは、本当にこの手のトラブルが非常に多いです。

私の専門分野とは少し離れるのですが、ＩＴ系のシステム作成やプログラム作成契約についても同様の難しさがあるようです。〇〇プログラムや△△システム作成契約などと一式の金額で契約するものの、契約後に発注者からの仕様や機能の変更が多岐にわたり、再三、費用や変更内容等を協議しなければならない内容になっています。システム開発に携わっている方はよくおわかりかと思いますが、プログラム制作契約も建築請負契約もどちらも最高難易度レベルの契約類型だと思います。

したがって、双方が「動いていく、生きている」契約内容だ、契約した時点で終わりじゃないんだと認識しておかないと、いろいろと齟齬が生じ得る契約類型だと言えます。

●追加代金トラブルの解決方法と対策法

では、現実的にどのように対策すればよいのか？　実際にトラブルになった際の解決方法からみていきましょう。

実際にあった事案というのは、追加工事代金等でトラブルが生じてしまい、私のほうで介入し、契約書関係、工事内容を精査し、追加変更等に関する双方のやり取りに関する物的資料を検証し、仮に裁判になったとしたら、どういう見通しになるかを現状残っている資料から一つ一つ検証していったというものです。

結果、不動産投資家も、建築会社側も、残っている資料を基にした、私の提案した和解内容を軸に精算することに納得していただき、その件は何とか解決することができたのですが、この追加工事代金トラブルは訴訟になるケースも多く、いまでも類似の案件を抱えています。

結局、対策方法としては、①建築工事契約は、非常に難易度が高いものだと、双方が理解し、②そのうえで、追加変更内容を、しっかりと文面で残していく、ということが非常に大切です。

一番良いのは、**追加変更内容ごとに議事録を作成し、個々の変更内容ごとに工事内容の変更合意書を作成する**ことです。建築業界でも、追加工事内容を書面化することが常に意識されてきています。たとえば、複写式のＡ４の用紙を準備しておき、必ず担当者が変更工事内容とそれに対する見積額の変更等を書面に記載し、施主の署名捺印をもらい、その後、各自一枚ずつその書面を保有するというような段取りです。

ただ、実際にここまで毎回、書面に変更内容を反映するのは、建築会社側の協力がなければ、作業量的にも難しかったりします。そのため、最低でも、メールやＬＩＮＥ等でも良いので、「電話ではなく、文面に残す」という変更内容の証拠化作業が非常に重要です。

特に、土地仕入れ新築スキームで依頼する工務店等は、建築費を抑えるために紹介などで知った中小の工事会社に依頼することが多く、契約書関係や契約の実務に工事会社側が精通していないケースが多いです。そのため、施主である投資家の側で、工事内容を残す、証拠化するという意識を持たないといけません。

●施主はお客様だけど……

建築会社側で契約内容の変更を残していかないのであれば、投資家側で対策していく必要を述べましたが、「こちらは依頼者で、なぜ施主側でそこまで考えて動かないといけないの？」「こちらはお客様じゃないの？」という考えがよぎった方もいるのではないでしょうか。

少し厳しい言い方をしますが、不動産賃貸事業を営む大家、投資家は、単なる消費者、「お客様」とは異なります。あくまで対等なビジネスパートナーです。

少し法律を絡めてお話しさせていただきます。一般的な「消費者」は消費者契約法において保護されています。消費者契約法では、「消費者」とは、「個人（事業として又は事業のために契約の当事者となる場合におけるものを除く。）をいう」と定義されています。すなわち、不動産賃貸事業を営む方というのは、単なる個人とは異なり事業目的で契約関係に入っているので、単なる消費者ではないと法的にも定められています。

また、一般的な消費者の方が家を建てるのであれば、ハウスメーカーが丁寧に対応してくれますし、ここまで契約関係に配慮する必要はないでしょう。なお、その分の消費者対応のための労力がどこに反映されているかといえば、「家の値段」です。消費者相手の契約であれば、事業者側がより細かく厳密な契約実務を強いられる、そのためには対応の時間と人件費が発生する。そのしわ寄せは建築する家の値段に反映されるということです。

「土地から新築」のように事業のために、少しでも建築費を安く抑え、利回りのよい物件を保有したいという目的のもとでは、建築会社のほうが専門家だからと甘えずに、自分で自分の身を守る対策を打っていく必要があるといえるでしょう。

工事途中の契約「解除」はできない？

次は、建築が始まったら「抜けられない＝解除できない」ということについてお話しさせていただきます。

「もう、業者を変えたいので、解除したいです!!」

建築工事は、工事途中の追加工事代金トラブル、工事遅延トラブル、はたまた近隣トラブルなど、いろいろなトラブルが発生する可能性が高く、その間に不動産投資家と施工会社の関係が険悪になり、契約を解除したいとなるのも、「あるある」です。施主からの解除、業者側からの解約どちらのご相談も多い類型です。

不動産投資家である施主の視点からみていきます。民法上、施主は、建物完成までは「いつでも解除できる」というのが法律の決まりです。

（注文者による契約の解除）
民法第641条
請負人が仕事を完成しない間は、注文者は、いつでも損害を賠償して契約の解除をすることができる。

ただし、施工会社側の損害を賠償しなければならないとされています。すなわち、途中解約に関する金銭賠償を行えば、施主は自由に解約してよいというのが法律です。ここまでは、法学部の学生でもわかる法律論です。

しかし、「施主からは、いつでも解約できるんですよ！」なんて安易なアドバイスはできません。実際の建築では、施主の契約を解除したい理由をヒアリングした後には、そのうえで、現状の工事スケジュールを必ず確認します。工事スケジュールとその進捗状況によって実際上解除してよいかが大きく変わってくるのです。

●解除の成否は、工事スケジュールがカギ

「約束の工期よりも大幅に遅延している。連絡を入れても担当者のレスポンスも悪い。工事

の遅れは債務不履行だから解除できますよね？」
「工事途中で追加工事費用が要るということで、見積にない金銭を要求されています。事前に説明もなく悪徳業者かもしれません。これなら解除できますよね？」

解除についての相談では、工事遅延と追加工事代金の2つが圧倒的に多いです。債務不履行解除になるか、注文者解除になるかはさておき、法律論では契約を解除できるものの、実際上は解除できるものと、できないものに分かれます。

できないというのは、解除した場合、『建築途中の建物をどう扱うのか？』という大きな問題が残るからです。これに対しては、法的には手続が煩雑ではあるものの、裁判例や解決方法はあります。ただ、それだけではなく、**不動産投資家からすると、『解除した場合、建築途中の建物を、どの業者に完成してもらえるのか？』という非常に重要な問題が残ります。**

解除をした後に、工事を引き継ぐ業者の視点になって考えてみてください。施主からクレームがきて、途中解約された業者が作っていた建物を信頼できるでしょうか？　また、それだけではなく、建物工事というのは部材の手配、人員の手配、そのうえでの工事作業と、半年から1年かけて進行していくプロジェクトです。それを途中から引き継ぐというだけでも、非常にイレギュラー、かつ大変なことです。

結論からいうと、**基本的に、工事を引き継いでくれる工事会社は見つからないでしょう。**もしくは、見つかったとしても、当初の見積を超える高額な見積になるケースがほとんどでしょう。建築途中建物の工事を引き継ぐ業者は見つからないので、一般的に建築工事途中の解除はできないのです。

他方、工事スケジュールを確認し、①工事の着工前、②建物の完成後の引渡し前、このどちらかのタイミングであれば、請負代金の精算という問題は残りますが、解除の可能性はあります。**③工事着工後、建物完成前の工事途中の状態は、実際上解除できない期間であることを、不動産投資家は事前に知っておくべきです。**

●途中解除トラブルの解決方法と対策法

実際に不動産投資家の方からご相談を受けたケースでは、前述の解除不能リスクを説明し、「建物の工事スケジュール」と「金銭的な損害賠償請求」を分けて対応するようにアドバイスしました。腹は立っても「工事完成、引渡し」までは上手くバランスを取って進めましょうと伝えたわけです。

建築工事途中の対応としては、この形がほとんどの場合でベストだと思います。解除して工事現場を放置されてしまうと、後から金銭賠償を受けられるかどうかはさておき、その工事が未了のまま数年固定されてしまう可能性があります。そんなことになったら、融資の返済が始まって大変なことになりますし、そもそも賃料収入が入らないので、非常に負担が大きくなります。一歩間違えれば、これが原因で破産ということにもなりかねません。いわば、**建築工事途中の建物がある状態では、不動産投資家は「人質ならぬ、建物質」を取られている状態にあるのです。**

ただ、相手がよっぽど悪質な業者で欠陥アパートが建ちそうだ、という差し迫った状態であれば、いくらトラブルが大きくなろうと損害を拡大させないために、途中解約という選択肢を取らざるを得ない場合もあります。この辺りは、ご自身で安易に判断せずに専門家にアドバイスをもらったほうがよい部分です。

建築工事の事実上の精算が終了し、「戦える状態」になったら弁護士の出番です。解除したいと思った原因を法的に分析し、証拠関係を精査し、損害賠償請求を行っていきます。

結局、①工事途中は人質を取られているようなものだと自覚し、②多少のトラブルが発生しても工事自体は終わらせて、工事スケジュールと法的請求とを分離する、というのが非常に大切です。そもそも、どういう手段がとれるのか、請求と工事スケジュールを分離するところも、できれば専門家のアドバイスを受けて進めていくほうがよいでしょう。

対策としては、信頼できる業者を選定する、の一言につきます。また、工事遅延はさまざまな理由によりたびたび発生するリスクですから、事前に工期や資金繰りに余裕をもって、多少工事が遅延しても対応できるように準備すべきです。

建築会社の破産リスク

ここまで、建築工事途中で解除できないリスクをご説明させていただきました。次に、最近本当に怖いなと思う建築会社の破産リスクについてもご説明します。

●建築会社の景気はよくない

２０２０年に開催予定であった東京オリンピックに向けて、少なくとも２０１５年頃からは、競技施設等の建設のため公共工事も増加し、建築会社は繁忙期、いわば「景気の良い状態」だったと思われがちです。実際に、工事数は多かったので建設業界全体としては景気が良かったのかもしれません。ただ、この時期に中小の建築会社の破産等が多かったことは意外と知られていません。

中小企業の建築会社の破産が多くなった理由をご説明するために、まず建築会社の構造からお話しします。たとえば、20～30人でレストランや小売店を運営している場合、アルバイト等の人数やシフト時間に変動があったとしても、常に同じように20人程度の人員で仕事をしていると思います。イベントや繁忙期等で一時的に増員することがあったとしても、増員するほうが特別で、普段は一定の人数で運営されているものです。

他方、建築会社では、工事ごとに人員が増減するといっても過言ではありません。工事現場ごとに必要な人数や、専門の職人の体制が変わってくるからです。

ただ、建築会社としても、常時稼働しているのではない従業員や職員をずっと抱え続けるわけにはいきません。そのため、建築会社自体の人数は20～30人でも、工事現場ごとに、内装なら独立した内装の職人、電気系統なら電気系統専門の職人を抱えた会社などと共同して工事にあたることになります。

建築会社も、会社の人数自体はある程度一定だったとしても、工事現場ごとに、他の会社や独立した職人と一緒に働くことになり、ある意味で工事現場ごとに人員が増減している、というわけです。このために、元請会社から下請会社への依頼、その下請会社から独立した職人への依頼等、建設業界は垂直構造が形成されやすい業界の構造になっています。

まとめますと、一般的な事業者は、会社ごとに人員を抱えているのに対して、建築業界は、工事現場ごとに人員を集めなければならない業態と言えるのです。

●繁忙期のために起きる連鎖倒産

建設業界は、元請→一次下請→二次下請→各種専門職人等々、業界が垂直構造にならざるを得ないと言いました。この構造と、「景気が良い」＝「人手不足」の状況によって、ここ数年は連鎖倒産等も多発してしまったのです。

前述したように、建築会社は、常時正社員を雇っているというよりは、工事現場ごとに、独立採算の職人を雇って仕事を行うことが多いです。そうすると、仕事が多く（＝現場が多く）なると、職人の外注費用が上がります。すると、現場で指揮をとるリーダー格の人材や実際に作業を行う現場の人が予算の都合で雇えない状態になってしまいます。思ったように人が雇えないと、当初立てた建築計画どおりに工事が進まず、工事の進捗が遅れたり、最悪ストップしてしまいます。

工事が進まないとなると、施主、注文主がお金を払ってくれません。大抵の建築では、工事着手時、中間検査時、上棟時、引渡し時などの３～４回のタイミングに分けて工事代金を支払うことが多いのですが、工事が進まないと代金を払ってもらえないのです。こうなると、完全に悪循環で、今度はお金がないから、また職人が雇えないという負のスパイラルが発生してしまいます。

建設業界は垂直構造と言いました。二次下請会社でこのようなトラブルが生じると、そのしわ寄せは一次下請会社にきます。一次下請会社としては、二次下請会社に支払った分の工事も進んでいないのに、元請会社との関係で工事を進めるためには、身銭を切って現場の職人に依頼を出すほかありません。一つ二つの現場なら貯金を切り崩して何とか頑張ることができるかもしれません。しかし、複数トラブルを抱えていくと、どこかで限界を迎えます。

このように、現場で職人を仕切る一次下請、二次下請が連鎖倒産するということが起きてしまうのです。

●建築会社が破産すると、投資家大家はどうなる？

さて、やっと大家さんの話に戻ります。建築途中の解除が難しいのと同様に、建築途中に建築会社が破産しても同じように困った状態に陥ります。

まず、建築会社が破産してしまうと、法的な破産手続に巻き込まれることになります。建築途中の建物は、基本的に建築会社側に所有権があると考えられるため、自分の土地に、未完成の他人の建物が建った状態になってしまいます。破産手続がスタートしてしまうと、破産管財人という破産した会社の財産を清算する裁判所選任の弁護士と協議して、その建物の清算手続をしていくほかありません。

破産管財人弁護士も合理的な判断をしてくれることが多いので、最後は自分の土地を自分で使えるようにはなりますが、司法の手続ですので、やはり時間がかかることは否めず、数年間その土地を利用できない可能性も想定されます。土地を融資で購入しているとなると、非常にダメージが大きいですが、その場合、破産手続によって最終的に解決する、建築途上の保険等によって破産時には保険が下りるので致命傷にはなりづらい、という点では、まだよい事態です。

最悪なケースは、建築会社が夜逃げした場合です。これは本当に最悪です。未完成建物については、何とか完成までこぎつけなければなりません。大変ですが、実働していた現場の職人の方たちに二重払いになったとしてもお金を支払って、完成させてもらうほかありません。

私が担当した案件では、元請や一次下請が破産しそうになっていたものの、二次下請が稼働していたため、何とか二次下請と再契約し、金銭的な問題だけで終わらせることができたということがありました。もっとも、予算がギリギリで組まれていれば、大家さん側で余分に支払って完成させることができない場合もあるでしょう。残念ながらそのような場合、大家さん側にも「破産」という選択肢が浮かんできます。

建築の進捗にもよりますが、ある程度工事が進んでいれば前述のように、何とか完成までこぎつけるしかありません。他方、工事がまだ始まったばかりで建築途中の建物を壊したほうが早いという場合もあるでしょう。

このような場合でも、原則として未完成建物の所有権は建築会社にあるので、壊そうとすれば、その建築会社の承諾がないといけません。承諾がなければ、裁判を行って権利関係をはっきりさせてから壊す必要があります。

もっとも、夜逃げされた後では、裁判を起こそうにも、書類が送達できないため、通常よりも数か月単位で時間が多くかかってきます。また、裁判というのは、勝った後にも「判決書」という書類が発行されるだけで、今回のように建物を取り壊したいというのであれば、別途「強制執行手続」を経て更地に戻す必要があります。このように、中途半端な建物を残されると大家としては非常に困ってしまいます。

「倒産に備えた保険」が世の中には存在します。ただ、この手の破産関係の保険というのは、「相手方企業が正式に破産したという証明」が取れなければ保険金が支給されないことが多いです。

具体的には、弁護士が介入して破産する旨の通知書を出したとか、破産決定が裁判所から出たなどを基準にしていることが多いです。すなわち、夜逃げされてしまうと、この手の破産手続が正式に進んでいるわけではないので、破産に備えた保険は、ほとんど機能しないことが多いです。

ある投資家の方は、「(土地から新築で建築するのって) 地雷原をいかに早く駆け抜けるかってぐらい危ない状態なんですね……」とおっしゃっていました。とはいえ、本来、取引先企業の破産は、「弁護士だから、そんな場面に遭遇することも多いでしょう」という声も聞こえてきそうです。確かに、ある意味そういう部分もあります。あるのですが、「土地から新築」では、どうしても建築費を安く抑えたい以上、中小企業の建築会社へと依頼するほかないので、このようなトラブルに遭遇するリスクが高いことは肝に銘じておいたほうがよいと思います。

良い建築会社を見極めるポイント

良い建築会社を見極めるための絶対の正解はありません。ただし、多数の建築トラブルをみてきた経験から、少なくとも気をつけるべき建築会社のポイントをご紹介したいと思います。

●基本は同業者の紹介と情報会社の与信情報を基に選ぶこと

まずは、セオリーの選び方としては、設計会社、不動産会社等の「紹介」や、帝国データバンク等の「与信情報会社」の情報を参考にする方法です。

「紹介」というのは、古い手法ではありますが、紹介者の顔を潰すわけにはいかないので、しっかり丁寧に仕事をやってもらえる可能性が高いです（受注者側からすると、紹介者を失うことは、1つの現場以上の将来的な仕事の受注を失うことにつながりかねません）。

会社規模や、与信情報等を参考にするのも当然のセオリーです。会社規模が大きいほど、負債等を受け入れるだけの体力、資金力が大きいのですから、一般的には安全な傾向が高いと言えます。

●営業担当者の「人柄」には安易に頼らないほうがよい

逆に、営業担当者等の「人柄」を中心に決めるのは避けたほうがよいと思います。規模が大きい会社では、営業担当としてのスキルや作業面に配慮せず、受注するだけをメインに考えて、「人柄のよい」「愛想のよい人物」などが配置されている可能性もあります。工事担当者とも常々円滑にコミュニケーションが取れるというのは、工事途中でも一定の効果があるとは思いますが、それでも工事遅延や破産の問題は一担当者レベルではどうにもできないことが多いものです。担当者レベルでの人柄判断は避けたほうがよいと思います。

強いていうなら、会社全体の雰囲気や、社長の人柄等で信頼できるかどうかを見ていくほかないでしょう。

●それでもトラブルは起きる

「土地から新築」に挑む投資家はすでに大家としての一定の経験をしている方も多く、建築会社、不動産会社との付き合いも初めてではないことでしょう。しかし、これまで述べた正しいアプローチをしていてもなお、トラブルは起こります。そのトラブルというのは収支状況が重要になる投資家には避けられない事柄かもしれません。

たとえば、一棟アパートの工事で、A社が5、000万円、B社が4、000万円、C社が4、500万円の見積を提示してきたところ、D社はなんと3、000万円でできるとの見積を出してきました。普通に考えれば、一番安いD社を選びたくなりますよね。

ただ、相場から外れた低い金額の見積には要注意です。わかりやすく1、000万円以上も下げて例を出しましたが、施工時期、工事規模、等級等の要素によって、類似の工事を依頼するのであれば、やはりどうしても同程度の相場に落ち着いてくる可能性が高いはずです。その相場から外れた安い買い物というのは、何かしらの理由があることが多いです。

たとえば、安い見積を出したD社は、家族経営で小規模だから、他の会社のように中抜きもないので、この金額帯でできるのかもしれません。ただ、その分、職人の手配や材料代の負担が大きいので、着工代金のほうは多めにもらっているんですよ、なんて説明があるかもしれません。このようなセールストークで、本当に小規模だからこそ薄利で受けられるというのであれば、その不安定さと引き換えに選んでみるのも一つかもしれません。

たちが悪いのは、すでに他の現場でトラブルを起こしており、早急に資金が欲しいケースです。このような場合、資金ショートを防ぐために、とにかく全体の見積の採算が合わなくとも、着工代金欲しさに安い見積で出してくる業者もあり得るのです。

では、どうやって悪徳業者を見つければよいかというのは難しい問題なのですが、①安すぎる見積には飛びつかない、②設計事務所・建築士・不動産会社等の複数で評判を確認する、などしてリスクヘッジしていくほかないでしょう。

●もし悪徳会社に当たったら

先ほどお話しした、着工代金欲しさに安い見積を出し、多少の工事をやったものの、途中で放置して夜逃げした、という状況に遭ったら、「詐欺だ！」と怒りたくなりますよね。ただ、法律上は、「詐欺」ということで責任を取らせることは難しいです。そもそも、全く工事をやるつもりがなく着工代金を騙し取ったというような状況でなければ「詐欺」とは言えません。あくまで、「真面目にやろうと思ったけど、資金ショートでできなくなった」ということでは、単なる債務不履行、契約違反の問題です。

また、「詐欺」と断定できたからといって、施主にとってあまりよいことにはなりません。「詐欺」だと断定できれば、警察が動いてくれる可能性はありますが、あくまで国家との関係で罰則が科されるだけであって、施主に生じた損害を国家が賠償、補償してくれるような制度はありません。そういう意味では、詐欺であろうと、債務不履行であろうと、「民事」の世界ではほとんど変わりはありません。

また、債務不履行があったとして裁判までやって勝訴したとしても、相手に財産がなければ意味がありません。勝訴しても勝訴した金額を補償してくれる制度はなく、裁判に訴える側、請求する側は、常に被告の無資力、破産リスクにおびえながら勝負を挑むほかないのです。私個人としても、被害に遭った原告側に理不尽な制度に感じるのですが、残念ながら現行の司法制度ではいかんともしがたい問題です。

不動産賃貸事業、大家業を営む以上は、常々このようなビジネスリスクを負っていると覚悟して事業を営むほかないでしょう。本書ではたびたび述べさせていただいていますが、大家業を営む以上は、「事業・ビジネス」の経営者の道へと足を踏み入れていることを自覚しておく必要があるのです。

建築条件付土地売買には要注意

土地仕入れ新築スキームに関して、「建築条件付土地」という言葉をお聞きになったことはあるでしょうか。

「建築条件付土地」は最近増えています。これは、土地の売主業者ないし指定業者（実際は何らかの関連会社）が建築を行うことを条件に指定して売りに出されている土地のことです。土地仕入れ建築スキームが増えたことによって、不動産・建築会社が用意した商品として出てきました。では、この方法にどんな注意点があるのかみていきましょう。

●土地の立地も価格も良いけれど……

建築条件付土地売買のトラブル相談は、だいたい「土地は、立地も価格も良かったんですけど……」というフレーズから始まります。そして、「当初の想定の間取りが入らない」「指定業者の対応が悪い」等々、建築段階になってから、問題が生じてくることが多いのです。

だからといって、建築条件付土地売買自体が悪い、ということではありません。確かに、従来、建築条件付土地売買というスキームは、建物に対する宅建業法による規制を潜脱するために、「実際上は建売住宅でしかないのに、建築条件付土地として売買し規制を緩くする」、という形で利用され、その関係での裁判例も一定数あります。ただし、スキーム自体が悪いわけではなく、建築条件付土地の場合には、建築トラブルリスクも関連する可能性が高い、というのが本項で伝えたい内容です。

そもそも、なぜ建築条件付土地売買が行われるかというと、いわば売主側およびその関連会社が、「土地売却益だけでなく、建築工事利益も取得できるようにするスキーム」であるため、と言えます。くどいですが、これ自体が悪いわけではありません。

要は、本来土地だけで売りに出すとすれば５、０００万円と設定しないといけないところ、建築条件付土地として売って建築工事を受注すれば、工事で２、０００万円の利益が上げられる。そうすると、建築条件付土地として、土地の値段を4、000万円で売りに出したとしても、工事で利益が2、000万円上げられるから、業者としては、工事利益分は収益が上がるというわけです（一方、不動産投資家としても、土地値自体は、相場より1、000万円安く買える）。ざっくりいえば、このような利益構造になっているわけです。

そのため、建築条件付土地を検討する場合には、単に土地値だけに注目して検討するのではなく、工事代金等の建築工事も含めて検討すべき点に注意が必要となります。

●建築条件付土地の工事を解除したいと思ったら……

建築工事契約の解除が、法的な観点からではなく、実際上の問題から難しいことは前述しましたが、建築条件付土地売買の場合には、さらに複雑な問題が生じます。

仮に、「土地代金決済後、建築工事着工前」での契約解除を考えてみましょう。建築工事着工前であれば、比較的契約解除は行いやすい状況でした。もっとも、建築条件付土地売買契約の解除の場合では、建築工事だけではなく、不動産売買取引についての帰趨がどうなるか、という問題も生じてきます。

一般的に、建築条件付土地売買の場合には、契約書に、建築条件が満たされなかった場合には、白紙解約にするといった条件が記載されています。そのため、建築工事の解約の際には、土地の売買契約も解除され、その精算も必要になってきます。

単なる工事契約の解除と異なるのは、土地の売買代金をすでに売主業者に支払ってしまっている、という点です。建築請負契約であっても、工事の着工代金として請負代金の一部は支払っている中で、建築条件付土地売買契約の場合には、より高額な土地代金を支払い済みです。そうすると、建物工事を解除したいとなっても、「解除するなら施主の一方的理由による解約だから、土地代金や工事代金は返金しない」などと言われる支払い済み金銭の返還請求トラブルが発生するケースが多いのです。

●「建築条件付土地売買」のトラブル解決方法と対策法

建築条件付土地売買は、まず土地値だけで、良し悪しを判断してはいけません。必ず、工事代金およびその設計等の建築計画もできる限り検討してから、決済に応じましょう。

そのうえで、仮に解約になった場合には、土地代金の返金等といった問題が大きくなる、という心構えをもって、取引を進めましょう。余剰コストに感じるかもしれませんが、建築条件付土地売買で、比較的採算の良い計画が組めるのであれば、専門の建築士、設計事務所等のセカンドオピニオンを取れるように事前に準備しておいたほうがよいです。

いわば、「投資物件を買うよりもトータル1、000万円ぐらい安くできるな」という目途が立つのであれば、50～１００万円くらいを使って信頼できる建築士・設計事務所にチェックしてもらうのです。老朽化した物件を購入する際に、建物の状況調査をホームインスペクション（住宅診断）という形で建築士に依頼するのと、類似しています。

実際に私が対応した案件では、解除理由とその当時の工事進捗状況を確認し、そのうえで、裁判になった場合の法的見通しをもとに、業者側と交渉しました。交渉段階ではありますが、裁判時の法的見通しを弁護士が説明・説得することで、訴訟前に支払い済み金銭の大部分を返金してもらうことができました。ただ、訴訟前に解決できたからよかったものの、金額も大きく、訴訟に発展してもおかしくない事件でした。

さらに、不動産投資家として気をつける必要があるのは、相手方の業者が破産した場合、弁護士が関与して裁判を行ったとしても返金を受けられないリスクも背負っている点です。

取引相手の倒産リスクはほとんどの不動産と建築取引で生じ得ます。特に建築会社には多いので、その点は肝に銘じましょう。

まとめ　土地仕入れ新築スキームは儲かるのか!?

少なくとも、土地仕入れ建築スキームは、

① 融資付けが得られやすい、

② 東京近郊でも採算の合う賃貸物件の保有が可能になる

という理由から、合理的な手法、かつ効果的な投資方法でしょう。

ただし、弁護士まで介入しなければならない案件が年に相当数発生しています。したがって、一般的な大家業よりも、はるかにハードルが高い投資手法だという点は認識しておかねばなりません。

また、利益を得るためには、やはりリスクも背負っているという点を認識していただきたいと思います。ノーリスク・ハイリターンという美味しい話はありません。「土地から新築」は効果的な投資手法である一方で、相当の勉強量とリスクを避けるための運と、失敗した場合のリスクヘッジに備えた余剰資金力が必要な投資手法であると私は考えています。

不動産弁護士の大家さん日記③

初めての賃貸物件トラブル、給湯器の故障

「給湯器が壊れました。大家さんのほうで何とかしてください」

物件を保有して1年を過ぎた頃でしょうか。地元の賃貸管理会社から連絡が入り、正直、びっくりしました。まず、抱いた感想は「お金を出さなきゃいけないのはわかるけど、管理会社で手配してくれないんだな」というものでした。

戸建の一棟にもかかわらず、賃借人が退去した場合に頼れるように、地元の賃貸管理会社に管理をお願いしていたのに……。大家側が修繕費を負担するとしても、給湯器の修理業者くらいは管理会社が手配してくれるものだと思っていました。

聞いてみると、「提携の業者に依頼することはできるけれども、案件が詰まっていて、1か月以上先の工事になる。その間、お湯が出なくて困るので、そうすると、大家さんのほうで銭湯代等の補償の必要が出てきます」という回答でした。管理会社には、何かあった時にその種の手配も含めてお願いできるものだと思って、管理をお願いしたのにという気持ちもあったので、この時には若干の理不尽さも感じました。とはいえ、対処が遅れれば、賃借人のクレーム

も強くなり、場合によってはトラブルにもなりかねませんから、とにかく気持ちを切り替えて、自分で業者を探しました。

給湯器の修理といっても、そもそもどういう探し方をすればよかったのかわからず、複数の業者から工期と金額の見積を取っていきました。「給湯器の交換なんて、10万前後でしょ?」と経験者の大家さんは思うかもしれません。

ですが、私の物件では、設置スペースの関係で工事が難しく、また給湯器のタイプもやや特殊なもので、数十万円、1年分の賃料程度の工事費用が発生してしまうという結論でした。

とはいえ、お湯が出ないと居住者の方が生活できないので、とにかくできる範囲で迅速かつ低額で動いてくれる業者をみつけて工事を手配しました。「一つトラブルがあると、年間の賃料収入が飛んでしまう」ようなこともあるんだなと、不動産投資は安易に考えていてはいけないなと肝に銘じる経験でした。

また、トラブルが起きてしまったわけですが、どういう対策をしておけばよかったのかという点も調べたところ、これは火災保険で対応できる場合があることがわかりました。

私は一般的な火災保険に加入していました。特に地震や台風等には気を配って加入したのですが、給湯器の故障などは、「建物電気的・機械的事故特約」を付けておけば不測の故障にも対応できることを後で知りました。

私自身勉強不足だったなと思う一方で、参入する前からすべてのリスクを想定して勉強しておくことは不可能なことも確かです。実際に物件を保有し、大家業を経験することで、こうしたリスクにも備えなければならないと勉強できてよかったなと前向きにとらえるようにしました。少々お恥ずかしい話ですが、法律に精通している弁護士でもこのようなことは多々あるという経験談でした。

第 4 章

相　続

収益不動産の遺産承継
の落とし穴

節税対策の不動産投資は、儲かるのか!?

相続対策を考えたことのある方の中には、「節税対策のために不動産投資が有効」ということをお聞きになった方もいるでしょう。これは、現金で有する資産を不動産に換えることで、相続税の算出時に相続財産の評価を有利にしようというものです。

たとえば、預金を1億円お持ちの方がお亡くなりになって相続が発生すれば、当然ですが、相続人は1億円の資産を相続するということになり、1億円に対して相続税を計算することになります。

他方で、この方が生前に1億円の現金でアパートやマンションを購入したとします。この場合は1億円で購入したマンションを、死亡時点で評価して相続税を計算しますが、このときに、1億円よりも低い金額で評価することができる可能性があります。

現金は、誰の疑いもなく、その金額どおりの評価となります。しかし建物は、本来1億円で購入し、今後の賃貸収入も含めると1億円ないしそれ以上の価値があるとしても、相続税の計算時点では「1億円よりも低い」評価を行うことができる可能性があるのです。

このような、建物の減価償却と不動産の評価の差を用いて「節税」を行うスキームが流行っています。税制も改正され、脱法的なことはできないようになっていますが、評価の差が大きいということで、近年では「タワマン節税」なども流行りました（後記【参考】も参照）。

具体的な節税効果等は類書や税理士の先生方の解説に委ねるとして、一般的に、不動産投資による節税の余地はある、と私も考えています。

【参考】相続税「路線価」否定の追徴課税と最高裁判決

相続税の計算においては、相続税路線価と呼ばれる税務署の基準によって不動産が評価されます。一般的には、実売価格、時価と呼ばれる実際の取引価格に対して、路線価は、８割程度の価格になっていると言われています。この路線価に関する裁判自体非常にめずらしいのですが、最高裁判所での判決が令和４年（２０２２年）４月19日に出されました。

事案の概要としては、相続人が２０１２年、被相続人である父親からマンションを相続し、路線価に基づいて評価額を約3億3、000万円と算定し、購入時の借金と相殺して相続税を0円と申告したところ、税務署は不動産鑑定に基づき、不動産の評価額が約13億円弱であると主張し、約3億円を追徴課税したというものです。

相続人は、一般的に利用されている「路線価」に基づいて計算して税務申告したにもかかわらず、追徴課税するのはおかしいと、裁判所に訴えました。第一審、第二審ともに、相続人側が敗訴し、ついに、令和4年（2022年）4月19日に最高裁での判決が出されたわけです。結論は、第一審と第二審と同様に相続人敗訴であり、結局相続人側への追徴課税3億円は維持されました。

この事案の最高裁判決に関して、いろいろな解説記事が出ていますが、結論自体は、妥当ではないかという意見が多いと思います。一言でいうと、本件での節税対策は、「やりすぎ」なんですね。①父親が90歳にもなって高額の不動産を購入したこと、②相続開始後1年も経過しないうちに売却してしまったこと、③金融機関からの融資目的にも「相続対策」と明らかに節税を目的とした記載が確認できたこと、④購入価格（14億円弱）や税務署の不動産鑑定額（13億円弱）と、路線価評価額（3億円強）との間に約4倍もの差があったこと、

⑤もともと保有していた財産では、少なくとも数千万円の納税が必要なところ、相続税に関しても「ゼロ円」で申告していたことなど、事案の経緯を知った方はみな、「さすがにやりすぎだよね」と言っていた印象があります。

法律というのは、基本的に抜け道などが発生しないように制度設計されています。本件のように、形式的に路線価で算定して処理するとあまりにも不平等な結果になる場合には、まさに「著しく不適当」といって差し支えないのではないかと思います。

この最高裁判決から大家の方が学ぶべき教訓を考えましょう。今回の最高裁判決が注目された理由には、何らかの基準が出されるのではないかとみられていたことがあります。たとえば、「不動産鑑定額と路線価との評価が2倍以上にも乖離し……これは著しく不適当といえる」などの基準があったとすれば、「なるほど、2倍以上も評価額が乖離するとアウトなんだな。仮に節税するなら、少なくともその範囲に抑えないといけないんだ」と考えることができます。もっとも、最高裁判決でも、何ら基準は示されていないので、大家さんとしては、これまでどおり、どの程度の節税であれば許されるのかはわからない状況が続きます。

そのうえで、本判決を前提に、避けたほうがよいポイントが見えてきます。

①　父親が90歳にもなって高額の不動産を購入したこと

②　相続開始後1年も経過しないうちに売却してしまった

という事情がそれにあたります。

通常の不動産賃貸事業のように、10年、20年と保有したうえで、「たまたま」本件のような結論になったというのではなく、本件では、「意図的に」相続時の税金を減らそうとした点が重視されているように思います。少なくとも、相当高齢になってからの賃貸物件購入は危険だと言えますし、また、相続後に早期に売却することも良くない要因だったと言えるでしょう。

③　金融機関からの融資目的にも「相続対策」と明らかに節税を目的とした記載が確認できたこと

という事情もありました。これは言わずもがなですね。不動産賃貸の期間や物件保有期間とも関係すると思いますが、節税のために意図的に仕組んだことが問題視されています。

④　購入価格（14億円弱）や税務署の不動産鑑定額（13億円弱）と、路線価評価額（3億円強）との間にあった約4倍もの差

では、さすがに金額の開きが大きいと思います。今後は、多数の不動産が含まれる相続では、路線価上、非常に低い相続納税額だったとしても、念のため、不動産鑑定も行いその鑑定書を付して申告する（一般的には、路線価上高額な評価であっても、実際上は売れずに低廉な価値しかないような土地の場合、不動産鑑定書を付して申告することは多々あります）、という運用もなされるのかなと思ったりします。ただ、高額な不動産の不動産鑑定費用を考えると現実的ではないかもしれませんし、どういう対応がよいか難しいところです。

結局、この最高裁判決の結果だけを踏まえて、不動産投資は全く節税効果がないんだなと決めつけることはよくないと思います。

他方、この最高裁判決があるからといって、「節税目的の不動産を有していると追徴課税されて危ないよ」「だから、売ったほうがいいよ」などという変な営業を受けても断ることができるようにしておかないといけません。あくまでこの事例では、あからさまに、意図的に節税スキームを組んだ点が問題だということを認識しておくのがよいでしょう。

相続税対策としての不動産投資で見落とされているリスクとコスト

もっとも、今回特にお伝えしたいのは、なかなか教科書どおりに「相続」手続は進まない、ということです。「アパートの収益があれば、残された子どもたちの生活にも役立つだろう」「土地を遊ばせておいても税金がかかるだけだし、アパート経営をやってみよう」このような気持ちでアパート経営を始めることは、良いこともあるのですが、逆に収益を上げるアパートがあると、そのためにより複雑な相続手続が必要になり、親族間の紛争に発展してしまうこともとても多いです。

●「共有」状態を解消するおカネがない！

相続人が複数いる場合、日本の法律では、遺言書による事前の相続対策をしていなければ、相続財産となる不動産は、基本的に相続人の「共有」状態となります。たとえば、お父さんが亡くなり、お母さんと子ども2人が残されるケースですと、法定相続割合は、お母さんが2分の1、子どもが4分の1ずつ、ということになります。

そうすると、アパートが3棟あった場合、どのアパートが誰のものかというのは、法律では決めてくれず、アパート3棟の権利を、お母さんが2分の1、子どもが4分の1ずつ「共有」

している、という状態になります。そして、この共有状態を解消するためには、遺産分割協議と呼ばれる相続人の話し合いによって、誰がどのアパートを取得するかを決めていかねばなりません。

もっと具体的に見てみましょう。現金が２、０００万円、実家の土地と建物が３、０００万円、1棟５、０００万円のアパートが３棟あったとします。この場合相続財産は、総額２億円（＝2,000万円＋3,000万円＋5,000万円×３）となります。割合どおりに相続分を計算すると、母が1億円分、長男が５、０００万円分、次男も５、０００万円分を相続するルールになっています。

そのうえで、

●お母さんは高齢でアパートの運営維持も大変だから、預貯金をいくらか相続してアパートは受け取りたくない。
●実家は思い出もあるので、お母さんは今後も住み続けたい。
●長男は実家近くに住んでいてアパートの運営もやりやすいが、次男は遠く離れた場所に住んでいるので、アパートを受け継ぐよりは現金で相続財産を受け取りたい。

このような希望があるとしましょう。そして、仮に長男がアパート３棟を受け取ろうとするとどうなるでしょうか?

現金と実家の土地と建物は、合計で5,000万円分です。母は1億円の相続分がありますから、これでは、5,000万円分足りません。一方、アパート3棟は1億5,000万円相当なので、5,000万円の相続分しかない長男がアパート3棟を相続すると、1億円分余計に相続することになります。そうすると、長男が、余分に相続した分の「代償金」として、母親に5,000万円、次男に5,000万円渡さないといけない、という整理の仕方になってきます。しかし、1億円の現金はなかなか用意できず、法律どおりに分けることが難しくて揉めることになる、というわけです(こうしたケースはとても多いです)。

●兄弟、親子で相続争いがなくならない理由

もちろん法律で決まった相続分よりも低くてもよいという方が多ければ、それで調整することは可能です。ただ、数百万円、数千万円のお金が絡むと、なかなか、「譲って終わり」ということにはなりづらいのが、現実です。

「一つ屋根の下で育った兄弟や親子の間で、相続財産を巡って争うなんて考えられない!」という方も多いと思います。ただ、現実には、

① 高額な金銭が絡むこと

② そのトラブル解決に時間がかけられること
③ 兄弟とはいえ、大人になると距離感も変わってしまうこと

などから、相続問題はトラブルに発展することが多いのかなと感じています。

以下、①～③について、詳しくご説明しましょう。

① 高額な金銭が絡むこと

不動産が絡む相続は、高額な相続財産の分配になりがちです。仮に東京近郊で相続が発生し、収益マンションあるいはアパート、実家の土地建物などが絡むと、相続財産は数億円になることもざらにあります。

仮に古いアパートが一つと、古い実家の土地建物、親の老後の生活費の貯蓄等が一部残ったという状況でも、相続財産が数千万円になることもあり、その場合、一人あたりの相続分も、数千万円程度になることも多くあります。日本人の平均年収は、統計的、割合的には年収1，000万円に満たない方が大多数です。そうすると、相続財産の分配の結果によっては、数年分もしくはそれ以上の年収に匹敵する金銭が得られる可能性があります。

兄弟とはいえ、成人すると独立した家計を営むことになり、配偶者や子どもなどがいる状況になると、かつては一つ屋根の下で育ったとはいえ、今後の自分たちの老後資金、子どものた

めの学費、生活費などを考えざるを得ません。そうすると、「法律で決まった相続分」を放棄するとか譲るという判断はなかなかできないのが実情ではないかと思われます。

②　トラブル解決に時間がかけられること

「相続財産なんて、親から譲り受けた、いわば棚ぼたの財産なのに、どうして揉めるんですかね？」不動産相続による争いを専門としていない同期の弁護士仲間からは、よくそう言われます。

これに対して、相続トラブルは、棚ぼたの財産に関する事柄だからこそ、揉める、争う時間が取れるのではないかと私は考えています（不動産・相続案件の取扱いの多い弁護士ならではの独特な考え方かもしれませんが）。

たとえば、不動産取引や収益アパートの建築トラブルの場合は、売買契約や賃貸事業の当初の計画を進めていかなければならないので、その途中で揉めている時間がありません。一方、相続財産は、現実の家計から切り離された棚ぼたの資産、凍結している資産で、そもそも家計や事業などではあてにしていない資産ですから、その財産の取得が後になっても急ぐことが少ないという特徴があります。

そのため、数年程度時間がかかったとしても「法律どおり」の相続財産を取得したい、という気持ちが生じ、争いが起きる（具体的にいうと裁判手続を行う）ことが多いように感じます。

③　兄弟とはいえ、大人になると距離感が変わってしまうこと

これもよくある事例です。そもそも仲が悪い兄弟は、年を重ねると顔を合わせることも少なくなり、親の死に目や相続の相談で久々に連絡を取ったというご兄弟も一定数いるようです。そして、距離感の遠さというのは揉める要因の一つではないかと感じます。

中には、そもそも、兄弟がどこに住んでいるかわからず、連絡を取る方法がなくて、弁護士が相続人の調査を開始するようなこともあるほどです。

さらに、親の再婚が絡むケースは相続が問題化する例が多いです。義理の兄弟姉妹というのは、センシティブな関係性ですので、お互いにあまり連絡を取らないことが多いでしょう。親から見ればどちらも子どもになりますが、「前配偶者の子と後配偶者の子」の義理の兄弟姉妹では揉めるケースが相当数見られます。

●共有状態の不動産は売却できない？

不動産を分けられないなら、「共有状態」で持っておいて、不動産の賃料収入のように分けられる金銭にして分ければいいんじゃないの？　という考えも浮かぶかもしれませんね。ただ、

賃貸経営をされたことのある方は、共有状態での不動産運営は非常に困難な現実があることをご存知でしょう。

賃貸経営というのは、「不労収入」などと言われがちですが、意外とオーナー側でも判断すべき事柄があります。特に、相続時に承継するような老朽化不動産ならなおさらです。賃貸管理会社を入れて運営するにしても、

① 賃貸人の変更時の契約、退去時・入居時等の清掃、修繕の判断
② 老朽化が進めば大規模な修繕および建替え計画の検討

をしなければなりません。アパート経営というのは、あくまで人任せにしてよいものではなく、かつ、時間軸が長いビジネス・事業です。

そうすると、このような判断や契約を行う場合に、共有状態ですと、共有者の署名とハンコが毎回必要になってきます。また、判断が分かれると、そのすり合わせも必要になります。実際に入退居の判断や手続は即座に行っていかないとせっかくの入居希望者もよその物件にいってしまうかもしれません。大規模修繕などは、新規に建替えなのか、修繕なのか、その手配は誰がやるのか、仮に借入れを起こすとしたら、そのリスクは誰が負うのか、などなど、まあ簡単に意見がまとまることはないでしょう。

このように、共有の状態では意見がまとまらず、単純に賃貸経営を進めていくこともままならないのが現実だと思います。また、仮に誰かが代表して管理運営していたとしても、その賃料の分配が不公平だとか、無駄な経費を使っているとか、とにかく揉めがちです。

さらに、共有状態の問題点としては、「容易に売却できないこと」もあります。不動産というのは、資産でありながら、金銭に換価するのに非常に手間とコストがかかる財産です。特に共有状態では、全員の同意がないと売却できませんし、売却時にも買主との金額の交渉や条件面での交渉等に短期間でめまぐるしく対応しないといけないところ、共有状態で、効率的に売却するのは非常に難しいと言わざるを得ません。

まとめると、収益物件などの相続は思っている以上に分配が難しく、そこで相続人間でトラブルが発生してしまうと、残された方のことを思って残した財産が、むしろ争いを生む種になってしまうことになりかねません。

今回のお話で伝えたかったことは、弁護士目線では「トラブルになった際の紛争コスト等も考えて不動産運営をしたほうがよい」ということです。

もちろん、相続時の税金が高額になり得るという事情もありますので、「納税資金の対策」

と「争いが発生しづらい対策」は車の両輪のようなもので、どちらの視点も必要だと思います。

賃貸不動産投資、相続対策というと、どうしても金銭面に目が行きがちで、トラブルのリスクとコストを計算されていない方が多いので、この点にも配慮して、本当の意味で効率的な相続対策を考えてほしいと思います。

遺産承継のための「法的手続」

ここからは、具体的に、相続が発生した場合の手続と、生じ得る問題点について見ていきましょう。

●相続財産の権利関係

財産の相続には、大きく分けて法定相続・遺産分割協議ルートと、遺言書ルートの2つがあります。

法定相続・遺産分割協議ルートは、事前に何も手続を行っていない場合の、日本の相続法の基本的なルートです。相続人の立場から、相続財産をどの程度の割合で相続するかを、法定相続分として民法が定めています。そのうえで、預貯金をもらうのか、不動産をもらうのかなどの具体的な財産の配分は、相続人間の協議である遺産分割協議で行うというものです。この場合、特に不動産が絡むと、キレイに分けきることは難しく、その分け方でトラブルが多くなることは前に述べたとおりです。

遺言書ルートは、事前に遺言書を作成しておく必要のあるルートです。遺言書を作成することで、どの財産を誰に渡すかを被相続人が、亡くなる前に自分の意思で決めておくことができます。たとえば、長男にすべての不動産を相続させて、都会で働いている次男にはいくらかの預貯金を渡す、残された妻には生活費分の預貯金と住んでいる家を残す、などの具体的な分け方を生前に決めておくことができます。そして、死亡後には、基本的に遺言書どおりの財産の分配がなされるようにすることができます。

ただし、遺言書でも、すべての財産を長男に渡し、仲の悪い次男には一切財産を渡さない、なんてことはできません。法律上「遺留分」という制度が認められており、仮に相続人が子ども2人の相続で、「長男にすべて相続させる」という遺言書が作成されていても、遺留分として、4分の1については次男が長男に対して請求できます（法定相続分は、長男も次男も2分の1ずつ）。

つまり、遺言書では、共有状態を回避して具体的な権利の移転を遺言書にしたがい行うことが可能となりますが、他方で遺留分という法的な権利により遺言書の内容を後で調整する必要が生じる場合があり、この遺留分で揉めるケースが一定数生じているのが現状です。

●相続税の申告は、死亡後10か月以内

遺産承継手続では、権利の分配とともに税金についての大きな問題点があります。すなわち、死亡後10か月以内に相続税の申告を行う必要があるのですが、「死亡後10か月以内」というのは、非常にタイトな期間なのです。

弁護士が関与するような複雑な事案では、大抵の場合「死亡後10か月」には間に合いません。そのため、死亡後10か月の時点では、一度、法定相続分どおりの申告を行い、その当初の申告期限から3年以内に具体的に財産を分割し、相続税を申告し直すということがよく生じています。なぜ、「死亡後10か月」がタイトなのか、このとき必要となる手続とともに、以下で説明します。

●相続税申告のために必要となる手続

ほとんどの相続税の申告手続で必要なのが、

①　戸籍の収集
②　預貯金等の残高証明の取得
③　財産目録の作成

です。手続も、おおむね、①→②→③の流れで進んでいきます。

①　戸籍の収集

やり方や相続人の多寡によっても変わってきますが、戸籍の収集に1～2か月程度かかることが頻繁にあります。預貯金口座の解約や残高証明の手続には戸籍一式を集める必要があるのですが、相続人ごとに役所や管理している場所が異なり、郵送手続で取得していくと、一往復で数日から1週間かかります。そうしている間に、1～2か月を要してしまうのです。

②　預貯金等の残高証明の取得

戸籍一式をそろえないと、金融機関等は、誰が相続人かを確認することができません。したがって、金融機関での手続を行うには、先に戸籍収集手続を行わねばならず、逆に言うと、戸籍収集手続が終わらないと金融機関の手続に入ることはできません。

残高証明というのは、死亡時点での預貯金の残高金額の証明書を金融機関に発行してもらう手続です。死亡時点の預貯金残高が相続財産になるため、死亡日の残高証明を集めて、預貯金残高を確定する必要があります。

株や有価証券、投資信託などを保有していると、金融機関以外に証券会社からも残高証明を出してもらう必要があります。証券会社からの残高証明では、評価額は変動するため、どれだけの株や投信の口数を有していたかが記載されていることが一般的です。

銀行の口座が1～2口座程度であればよいのですが、お付き合いなどで、いろいろな銀行で口座を開設していると、残高証明の取得のために複数の金融機関に手続をとる必要も生じてしまい、本当に煩雑です。そして金融機関の手続には、戸籍一式ないしそれに代わる証明情報の原本が必要になってきますので、口座の数が多いと、残高証明の取得手続のために2か月程度かかることもよくあります。

③ 財産目録の作成

それらの手続を完了させ、必要な書類を集め、財産の一覧表を作る作業が財産目録の作成です。不動産については、所在がわかれば、登記簿を取得することはそれほど時間がかかりませんが、相続税の申告のためには、不動産ごとに相続税の算出根拠となる金額を出していく必要があります。

なお、これらの各手続期間の目安は、士業など専門家が行った場合の目安です。実際には、四十九日法要などが終わるのを待って相談に行く方も多くいらっしゃいます。そもそもどのような手続が必要か、どのような税理士等に相談するかに迷っていると、手続のスタート自体が死亡から２か月も経ってからだったということもよくあります。

財産目録を作成して、どんな相続財産があるのかわかるのは、死亡後半年程度経ってからになることが多いです。相続税の申告は死亡後10か月以内に行わなければなりませんので、この時期までに具体的な財産の分割まで終えてしまおうとすると、財産目録ができた後**3か月程度の間**に、分割を終えなければなりません。財産目録作成に半年、最後の１か月は財産分割どおりの申告書の作成、提出など税理士の作業の時間を残してあげる必要があるでしょう。

●慌ただしい相続手続

手続の概要をみていただきましたが、かなり慌ただしい手続になるというのが想像できると思います。「３か月も協議の時間がある」と思った方もいるかもしれませんが、そもそも親がどのような資産や預貯金を所有しているのか、完全に把握している相続人の方は少ないと思われます。予想以上に相続財産が「あった」とか「なかった」という話も出てきますし、さらによくわからない税金の話を税理士から聞いて、納税資金の手配などもしていかねばなりません。

これに加えて、収益アパートの相続手続の場合、融資で建てているケースも多く、金融機関からの借入金の処理や、相続手続中の賃料の処理等の手続についても管理会社と連絡をとっていく必要があります。

さらに、平日は仕事などに追われて疲れているところに、休日によくわからない相続手続のことを考えて動いていかなければならないのです。話し合いを試みても、兄弟で意見が食い違えば、その再検討のために、納税資金などの工面も含めて分割案を考え直さなければならなくなることもあるでしょう。このようなことを考えていくと、3か月はあっという間に過ぎてしまいます。

遺産承継のための「事業計画」

ここまで、アパート経営を行ったうえでの相続は大変だということをお伝えしました。相続対策といっても、その資産規模、どの時点から対策をするのか、収益アパートの老朽化の程度

（＝建替え計画、修繕計画等々）などによっても、何にどこまで対応するかは変わってきます。したがって、骨太の対策として、不動産の大きな運用の事業計画を考えておくこと、その実行のために、最低限、遺言書を作成するようにしましょう。

●相続対策としての不動産の事業計画を作ろう！

繰り返しになりますが、賃貸アパート経営というのは、人任せにしてできるようなものではありません。不動産賃貸事業だと考えてください。賃貸アパート経営は、収益や必要な作業の時間軸が通常のビジネスよりも長いため、本業を別に行いながら兼業としても行いやすいという性質がある一方で、あくまで事業であり、それなりの勉強、労力、リスク分析をしたうえで、事業計画についても考えておかねばならないものです。

特に、相続、物件承継の場面では、不動産の将来のこと、相続人の将来のことを考えます。「アパート収入がないよりはあれば助かるだろう。ゼロじゃないんだから、上手く分ければいいだろう」という考えもあるかもしれませんが、相続、物件承継の対策を考えておかないと、残してあげられるどころか、税金と労力でマイナスになるケースもゼロではないのです。

一つの例を挙げます。市街地近郊の農地の問題についてです。この農地の所有者は、「田舎の土地だし、使い道のない、高低差や坂もある土地だから大した金額にならないだろう」「近場の不動産屋にどれくらいの値段がつくか相談してみたが、あまり高額にはならないだろう」と聞いていました。

しかし、市街地に近い土地ということで、相続税の算定に使う路線価では、相当に高額な評価がつく土地というものが世の中には存在しています。つまり、実売価格と呼ばれる市場価格が低いにもかかわらず、税金上の計算では非常に高額に算出されてしまい、実際の土地の値段に比して非常に高額な相続税の納付が必要になる場合もあるのです。

このような場合、納税資金を作るために土地を売却しないといけないとしても、そもそも実際には市場価値が高くない土地なので、一部の土地を売っても納税資金にはほど遠く、結局、代々受け継いできた土地のほとんどを売却しても、税金を払うと相続財産がほぼ残らなかったというケースもあります。

このような場合、相続人間で遺産分割協議（代償金）の話をすると、より一層揉めることが多いです。代償金を受け取る側は、「土地の価値を税金等の算定基準を用いて高額に見積もりたい」、代償金を払う側は、「実際の価値を反映して、低い金額で代償金を算出したい」と考えるので、相続人の間で土地の評価額が大きく乖離してしまうことが起きやすいのです。

賃貸アパート経営の事業計画を考える際にもう一つ大切なのが、建替えと修繕についてです。不動産アパートは、特に新築で建築した後、10年前後は、大したトラブルは起きないことがほとんどです。不動産の賃貸経営が難しくなってくるのは、老朽化が進み、大規模修繕の必要性が出てくる、築15年前後からでしょう。ＲＣ（Reinforced Concrete：鉄筋コンクリート）構造のものか、木造かによっても変わってはきますが、特に老朽化した不動産のその後の方向性を考えることは非常に重要です。自身で建てたにもかかわらず、老朽化した後のことを考えていない不動産オーナーが非常に多いと感じます。

老朽化してきた場合、当然修繕費用の問題が生じますし、建替えの場合には、居住者の退去の問題が出てきます。また、水回りや排水管等の老朽化の問題も生じてきます。そして、老朽化して空室率が大きくなってきたときに、所有者が認知症等になっている場合は、手を入れることも難しくなってしまいます。

事業や経営をするときと同様に、３年後、５年後、10年後に、この物件をどうしていくのが良いのか？　という点については、必ず考えておきましょう。

では、所有する不動産の失敗しない相続対策のために、実際に何をどのように準備していけばよいのかを、ここからはお伝えします。

① 保有資産の整理、相続財産の整理

当たり前のように思われるかもしれませんが、どのような不動産をもっているのか、どのような預貯金、有価証券を有しているのか、といった財産目録を事前に整理しておくのが大事です。これをすることで、残された方の手間が大きく減りますし、相続手続の費用が数十万円から、場合によっては数百万円安くなります。財産目録の整理は、経済的メリットを見込むことができます。

相続問題の現場では、「亡くなった方の財産状況がわからない」ということが多々あります。一人暮らしの方の相続ですと、その方の住んでいた自宅の「家探し」をして資料を見つけ、一つずつ財産を確認していかねばなりません。また、ある程度書類がまとまっていたとしても、一つずつ預貯金を探していくのは、なかなかの作業量です。**特に問題なのが、多くの預貯金があるにもかかわらず、それを見逃してしまうことです。**

保有する財産等	探すべき資料
土地	・登記簿謄本（登記） ・権利証 ・売買契約書およびその付属資料 付属資料例 ・測量図 ・排水管等関係図 ・通行承諾書、等々

・　住所と地番をリスト化して残しておくとよいでしょう。一般的に郵便等に用いられる住所（住居表示）と、地番は異なります。登記簿や固定資産税評価証明書等は、地番にて整理されていますので、どちらもリスト化しておくと整理が容易になります。

・　比較的見つけやすい財産ではありますが、問題になりやすいのは近隣の関係です。メインの土地だけではなく、その出入口になっている私道や共有の道路等については、誰が権利者で、近隣の人とどのような約束で管理していたかなど、一覧にして残しておきます。仮に相続後に売却するとか、建物を建て替える際に、隣地との境界問題や通行権の問題が発生し、その対応に予想外の時間とコストが発生する可能性があり得ます。

・　購入した場合には、その売買契約書、その付属書類を必ず残しておきましょう。売買契約書は、「いくらでその土地を仕入れたか」が判明する書類になりますので、次のように税金が数百万円単位で変わってしまう可能性があります。
　例えば、20年前に5,000万円で買った土地が、１億円で売却できた場合、その差額の5,000万円に対して税金が発生します。もっとも、書類を紛失しており、購入金額＝仕入れ値が不明の場合、売却値の５％を仕入れ値とするというルール（概算取得費：租税特別措置法第31条の４）が適用されてしまい、9,500万円に対して税金が課される可能性がでてしまいます。仮に譲渡所得税を20%だとすると、5,000万円×20%＝1,000万円の納税資金にたいして、9,500万円×20%＝1,900万円と、契約書が残っているかどうかで、約1,000万円近くも納税額が変わる可能性があります。

保有する財産等	探すべき資料
建物	・設計図書 ・建物図面 ・建物建築請負契約 ・建物性能表示関係書類

・　建物を建てた際には、必ずその関連資料はひとまとめにして保管しておきます。これは、わかりやすく言えば、保証書を残しておくようなものです。どのような設計でどのような工法による建物なのかというのは、建物売買の代金額の決定に影響をもつ可能性があり得ます。築年数が相当期間経過した木造物件等では、ほぼ価値ゼロで土地値だけで評価されてきましたが、RC構造の物件等は、今後、建て替えまたはリフォームかの基準等にもなり得ますので、この書類は必ず保管しておくべきでしょう。

保有する財産等	探すべき資料
融資関連	・金銭消費貸借契約書 ・保証契約書 ・返済明細書 ・担当者の名刺等

・　融資関係書類は比較的後から調べやすい資料ではありますが、残しておくにこしたことはありません。また、担当者が異動してしまっているケースもありますが融資が絡む収益物件が存在する場合、その契約名義の変更等、金融機関側と協議する必要も生じますので、名前を知っている担当者がいれば、その人に相談すると、ある程度融通が利くかもしれません。

保有する財産等	探すべき資料
賃貸・管理関係	・賃貸契約書 ・賃料明細書 ・管理会社への業務委託契約書 ・管理会社の担当者の名刺 ・リフォーム、補修履歴

・　賃貸管理会社に頼んでいる場合であれば、賃貸管理の業務委託契約書と、その担当者の名刺程度を残しておけば十分だと思います。担当者が辞めたり異動したりもあるかと思いますが、ある程度組織化できている管理会社でしたら、引継ぎもできているので心配ないでしょう。

・　他方、地方に密着していて比較的小規模な街の不動産屋さんに管理を任せている場合には、自分でも賃貸契約書等の資料を逐次管理しておくべきです。不動産は対応する年数が長いので、依頼した当時が働き盛りの方だったとしても20年後、30年後には、高齢になっていて引退してしまうということもあると思います。

　だからといって規模が大きい不動産管理会社が必ずよいというわけでもないので、一長一短です。信頼できる業者と付き合っていくことが大事でしょう。

・　また、オーナー自ら自主管理するケースは、必ず必要な資料をまとめておく必要があります。以前受けた相談（本人の生きがい、ボケ防止のために、おじいちゃんが駐車場の管理をやっていたという案件）では、契約書がない人もいれば、賃料を受け取ったか否かも「独自のノート」にメモがあるだけで、よくわからない、というものがありました。言うまでもないことですが、契約内容が不明確では困りますし、その確認作業のために、管理会社、士業などに余分の費用が発生してしまってはいけません。

・　リフォーム履歴なども売却時の金額に影響がでますので、残しておくべきでしょう。

保有する財産等	探すべき資料
背景事情	・土地の歴史、隣地との歴史 ・購入時の市況、不動産の属性 ・自己の不動産の分析（長所・短所）

・　せっかく、ここまで述べた事前対策ができるのであれば、土地や近隣等の背景事情についても残しておくことができれば、より良いです。これは相続などで、先祖代々の土地で取得した土地について特に言えることです。

　たとえば、キレイに区画割されているような宅地であれば、それほど問題がないのですが、農地や畑、斜面を含むような土地ですと、接道の関係からしても第三者に売りづらく、買ってもらうとしても近隣の人にしか売れないという土地も世の中には多数存在します。

・　また、たとえば、建物を建築できないとしても、隣地の駐車場としては利用価値がある土地といったものも多々存在します。そのような近隣の方に売却等の話をもっていかなければならない場合、先代の知っていた事情、世間話から話を切り出すのは、意外と重要です。不動産の取引は、相対取引と呼ばれるように、数字だけで割り切れるものではなく、特に昔ながらの土地については、心情的な要素によっても価格に影響することがあるので、このような情報も次の代に残せるとよいでしょう。

② 相続人の状況整理

これは、私が近年相続案件を受けていて感じることですが、財産を残すにしても、残された方のライフプラン等に配慮して残してあげることが大事だと感じます。

たとえば、実家と相続人の方の生活拠点が離れている状況を想像してみてください。特に、最近では海外で居住、生活されている方も増えていますが、こうした方で、財産を残してもらったら、税金や手続費用を引いてマイナスとまではならないけれども、残された財産を整理するのに、かなりの手間と労力が必要になるケースが生じています。

ある相続案件では、相続人の方が海外に居住されており、手続のために何度か帰国しなければなりませんでした。また、別の事案では管理を任せていた親族と意思疎通がうまくいかずにトラブルに発展したこともありました。

相続案件は、弁護士、税理士、司法書士といった士業に加え、不動産会社、不動産鑑定士など、フルスケールで対応しなければならないものもあります。この場合、相続人側でも、これらの専門家の提案や内容を精査し、決定を下して手続を進めていくのは、かなりハードです。前述の事案では代表者の相続人の方は、事実上、共同して案件を処理する同業者のように感じるほどハードでした。

「財産を残してあげるんだから、残された側がある程度苦労しても仕方ない」というのも、もっともかもしれません。ただ、相続財産の承継は、ある程度手間と費用がかかり、そのことがきっかけで、お子さんたちの仲が悪くなることでもあったとしたら、どうでしょうか。

せっかく、アパート事業を行い資産を拡大したのであれば、その承継の場面でコストを負担させ資産が目減りするのはもったいないことです。「家に帰るまでが遠足」というのと同じで、「次世代が受け継ぐまでが不動産投資」という言葉を流行らせたいものです。

③　分割案の検討

①財産目録の整理、②相続人の状況整理をしたうえで、初めて税金面等の話を専門家に切り出すのがよいでしょう。①、②がぼやけたままで専門家に相談すると、技術的な点には配慮できても、心情的な面に配慮した分割案が作成できないので、結局トラブルの元になる分割案を作成しかねないからです。

ここまで読んでいただいた方の多くが、「相続って面倒だな」と感じるほど、整理項目は多いですね。当然、人に頼めばやってくれますが、その分、費用が発生します。相続に伴う作業を頼んでしまうと相当な人件費が発生しますから、必要な範囲での情報、アドバイスを求めて依頼するほうが、士業との上手い付き合い方といえるでしょう。

まとめ　残された方のためになる「不動産投資」を

●不動産投資は15～20年後からが本番

所有する不動産の相続や遺産承継そのものとは異なりますが、相続後のアパートに多い、「老朽化不動産の建替えおよび立退き問題」についても触れておきます。はっきり言って、不動産投資はスタートに関わる部分よりも、老朽化してきたアパートをどうコントロールしていくかのほうが明らかに難易度が高いです。

早い話、新築でアパートを建築すれば、10～15年程度は大した問題も起きずに「計画どおり不動産投資ができているな」「子どものためになったな」と勘違いしてしまいます。

難しいのは、老朽化が進んできたアパートの運営です。損益分岐点との関係で、どの程度の費用を投じて修繕するのか、建替えをするのか、または売却するのか等々、経済的利益との兼ね合いで舵取りをしていかねばなりません。

また、10年、20年と経過していると、流行りのデザインや設備もアップデートされますので、どの範囲にどの程度の費用をかけてリフォームしたほうがよいのか、入居者との関係でどの程度のメリットがあるのかどうかなど、経営判断的な要素が生じてきます。

もちろん、不動産投資のスタート時点でも、多額の融資や、建築の手配など必要な判断事項は多いのですが、スタート時点では、多くの不動産会社が「お手伝いします」と手を上げます。また、基本的に①土地をもっていて、そこに新築で建てるとか、②すでに建設された収益アパートを買うとか、方向性の大筋が自分の置かれている立場から決まっていて、そのうえで、同種の不動産会社と見比べてベストの会社に手伝ってもらうことが可能です。

●リフォームは多くの利害関係が絡む

他方、老朽化不動産に手を加える場合、リフォームだけで回したほうがよいのか、思い切って建て替えたほうがよいのか、または売却してしまったほうがよいのかを相談する相手は見つけづらいものです。なぜなら、①リフォーム業者はリフォームを勧めるでしょうし、②建築業者は建替えを勧めるでしょうし、③仲介会社は売却を勧めるでしょう、という風に相談先の不動産関連会社は自社の利益になるスキームを勧めることになりがちだからです。

だからといって、リフォーム、建替え、売却とすべて行っている総合的な不動産会社なら安心できるかといえば、そうでもありません。不動産会社としては、単価が高く利益の取りやすい、建築ないし自社での買取りを勧め、その後で融資が組みづらいなどの事情があって初めてリフォームを勧めるなど、どうしても第一にその会社の利益ありきでアドバイスする傾向があります。安心できる会社も多くありますが、相手方の利益状況を考えるとアドバイスにバイアスがかかることも多いと言わざるを得ません。

●子の世代・孫の世代の投資不動産の使い道まで考える

しかも、老朽化アパートの建替えは、子の代、二世代目に行わなければならないことも多々あり得ます。すなわち、より不動産賃貸事業から距離のある方が、より難しい老朽化アパートの運営方法を差配しなければならない可能性があるのです。

改めてお伝えします。「不動産賃貸事業の先のこと」「次の代のことも考えてあげてほしい」のです。

●相続不動産だけでなく、不動産賃貸事業のノウハウまで残そう

「相続財産があるだけ有難いと思え！　あとは何とかしろ！」というご意見もあるでしょう。しかし、せっかく、不動産賃貸事業によって資産を拡張したのであれば、相続人が手がかからずに運営できる少なくとも下地を整えてあげる、賃貸事業を実践できるように不動産賃貸事業のノウハウ面も残してあげるべきだというのが私の思いです。

「不動産投資」と呼ばれることもある不動産賃貸事業ですが、ノウハウ等が重要な、あくまで「事業」であるというのが、本書を通じて一貫してお伝えすることです。そのため、他の事業と同様に不動産賃貸事業においても、会社の相続と呼ばれる事業承継のように、ノウハウ面も残してほしいと考えます。

不動産弁護士の大家さん日記④

空室体験と次のアクション

不動産を購入してから3年ほど経過した頃でしょうか。恐れていた、賃借人の退去がやってきました。あっけないもので、当時の賃借人から直接、「○月に退去します」と連絡がありました。

戸建賃貸のメリットは、一度入居者が入ると収益が安定しやすいことですが、反面、一度出てしまうと、次の入居には時間がかかるのがデメリットです。私が購入する数か月前に不動産会社が入れた入居者でしたし、家族構成からすると、子育ての場面が変わるまで5～6年はそのまま動かないかなと思っていたので、寝耳に水です。とはいえ、入居者側の状況変化ですから、仕方ないです。切り替えて、次のアクションを取っていくほかありません。

オーナーチェンジとして購入した物件でしたので、退去後に、初めて建物内部に入りました。築年数の古い物件でしたが、小高い丘の上にある物件でしたので、見晴らしのよい家だなという印象でした。内部もそれなりには老朽化していましたが、特に賃借人の行為で汚れていたとか傷んでいたという印象もなかったので、退去時の敷金の精算等もスムーズでした。

この物件自体は、ずっと持ち続けるよりは、どこかで売却すべき物件だと考えていたので、空室になったのを契機に、新しい賃借人の募集＋物件売却を同時に進めてもらうようにしました。エリアや金額的にも、賃借人を付けてオーナーチェンジ物件としたほうが売れるかなと予想していたのですが、不動産会社の見立てでは、空室自己所有物件として、より高額で売れる可能性もあるとのことでした。私としては、高く売れるなら問題ないので、賃借人付けと同時に売却も依頼しました。

なお、このときの依頼先は、不動産管理を委託していた会社の賃貸事業部と仲介事業部です。賃貸管理会社は、入退室に備えて、その地域で強い不動産会社に頼んでいましたので、スムーズな流れで依頼することができました。給湯器交換の場面では、あまり助けになりませんでしたが、賃借人付け、売却でなら力になってくれるだろうと期待して依頼したのです。

結果からすると、賃借人付けには、約半年弱の期間を要しました。内見等の連絡はたびたび入るのですが、戸建の物件ですから、ご夫婦での入居申し込みが多く、綺麗なリフォームが施されているわけでもないことから、女性の目にはあまり魅力的な物件には映らなかったのではないかと感じました。とはいえ、戸建賃貸の成約に要する時間としては、特別長くもなかったのではないかと記憶しています。

ただし、空室期間中は、精神的な負担はありました。空室リスクは当然生じるものだし、それを前提にしても全体的に勝算のある物件だと思っていましたが、やはり返済額だけが引かれて、収入が断たれた状態というのは辛いものでした。

一方、売却については、賃借人付けができるまで、結局、話は進みませんでした。私としても決まれば儲けもの、ぐらいの感じでしたが、リフォームがいる前提で購入してもらうのはなかなか難しいよな、という印象でもありました。賃借人付けの際、空室状態での売却、実需のための売却はできなくなりますが大丈夫ですか？　という確認もありましたが、もともと、オーナーチェンジ・投資物件用でしか売れないかなと思っていたので、これは想定内という感想でした。

新しい賃借人が入って、現実的な利回りが表示できるようになり、問い合わせ数も増加しました。結局、この賃借人が入ってから約半年で売却が決まりました。

第 5 章

不動産投資を成功させるために

不動産「投資」ではなく、不動産「賃貸事業」

2022年現在では、コロナショック前(2019年)と比べて不動産価格の高騰が進んでおり、メディアでも「不動産投資」が注目され、多くの方に知られるようになりました。いわば、「流行っている」状態です。過去には「スルガショック」(2018年)のように向かい風のできごともありましたが、依然、不動産投資は「楽に儲かる」というイメージが広がっているように感じます。

私が本書を通じて伝えたいのは、不動産賃貸事業は「投資」のように「人任せにしていては、上手くいかない」、ということです。不動産賃貸事業の性質として、副業としてできる可能性がある、というのはそのとおりでしょう。ただ、それは、時間軸を通常よりも長期的に見なければならない事業だからにすぎません。不動産投資というのは、単にリスクに目をつぶれば運だけで上手くいくとか失敗するというものではなく、賃貸事業としてできる限りリスクを洗い出して、自分でも対処していく必要があります。

知人や不動産会社から「掘り出しもの」の物件を買って、成功するということはそうそうないということを、改めて多くの方に知ってほしいです。このような当たり前のことを言うのも、最近では、20代～30代で、特に仕事も真面目に頑張っている方でも、このような甘い言葉に誘われて不動産賃貸事業でつまずくのをよく見かけるようになったからです。

(1)　長期保有か短期売却か、修繕費・空室リスクを想定する

不動産賃貸事業は、他人に土地建物を貸し出して利益を得るのが中核の事業です。そのうえで、（特殊な高利回り物件を除いて）利回り10％を下回るケースがほとんどですから、長期的に保有し設備投資の資金を回収していくのか、またはタイミングを見計らって売却していくのか、物件の性質や時勢を考慮して判断する必要があります。特に長期保有する場合には、リフォーム等の必要も出てきますので、修繕費用をどの程度みておくのか、また、空室リスクをどの程度想定しておくのかも、考えるべきでしょう。

(2)　金利、融資を受けやすい物件の属性を常に気にする

また、自己資金で扱える不動産となると相当限られてしまいますから、一般的には融資を受けて物件購入することが多いです。そうすると、金利はどの程度が相場なのか、そもそもどのような物件で、どの程度の属性であれば融資を受けることができるのか、常に情報をアップデートしていく必要があります。

(3) 事業に必ずついてくるもの―その1「税務処理」

不動産賃貸は「事業」ですから、仮に給与所得の方でも別途税金の処理が必要になってきます。これも税理士に頼めば、その分の費用が発生しますし、自分でやるには税務申告の勉強が必要になってきます。

(4) 事業に必ずついてくるもの―その2「トラブル処理」

さらに、トラブルが起きた場合どのように処理するか、多少のトラブルであれば、自ら調べて対応する大家さんが私の周りには多いように感じます。弁護士の私が言うのもなんですが、何でもかんでも弁護士に任せてしまうと、費用対効果が悪いのは言うまでもありません。

①物件の目利き、②保有か売却かの戦略、③補修費用の是非の判断、④融資のための交渉、相場観、⑤税務処理、⑥トラブル処理、簡単にまとめても、不動産賃貸事業をやるにはこの辺りの判断が必要になってきます。もちろん、①~⑥まですべてできる方はいないと思います。ただ、少なくとも、人に任せた結果が良かったのか悪かったのか、その人が上手く動かない場合にはどのように対処するのか、自分で判断しなければならない部分は必ず残ります。

くどいようですが、この辺りの話は、個人事業主や経営者等、実際に自分で事業を営んでいる方は当然のこととして認識されているでしょう。しかし、学校を出てから、サラリーマン一筋でやってきた方の中には、「相手がプロなのだから、任せたのに」と、任せた人が全部上手くやってくれるという、お客様目線の発想が残っている方もいらっしゃいます。

改めて、言います。「不動産投資」は人任せにしていて上手くいくようなものではありません。ちまたで「不動産投資」と呼ばれているものは、「不動産賃貸事業」「大家業」であり、そこに参加する方は、その事業の「社長」なわけです。仮に、仲介会社、建築会社、リフォーム会社、税理士、弁護士などに業務を委託するにしても、ある種、部下に仕事を任せるようなものであり、最終的な責任と判断は、あなた自身でしていかねばならないことを自覚しておくべきです。

経営者・事業者が、「人に任せる」ときの心構え

経営者、事業者としての自覚を持ってほしいとお伝えしましたが、もっと具体的にいうと、最終的に責任ある決断は自分で行うものだ、という心構えが必要だということです。少なくとも誰かが良いと言っていたから、乗っかるだけで上手くいくような世界ではないのです。仮に

何でもやってあげるよ、という方がいたら、その方の利益がどこかに反映されていると考えたほうがよいでしょう。

「人に任せる」というのは難しいものです。しかし、どうしても、自分だけで処理できない事柄はその道のプロに任せる必要が出てきます。その「任せる」というのも非常に難しいのです。

私自身、中古戸建物件を購入し、数年間賃貸に出し、その後売却に至りましたが、売却は当然仲介会社に依頼しましたし、賃貸管理も管理会社に依頼しました。購入時には仲介会社を入れず、直接売主業者から購入しましたが、登記は司法書士に依頼しました。

弁護士という立場上、仲介会社、リフォーム会社、司法書士、税理士等にリーチしやすい立場ではありましたが、それでも一つずつどのような方に依頼するか、本当に悩みましたし、その選択のための労力（さまざまな方にお願いするために各種見積をとって検討するだけでも労力がかかります）と決断にもストレスがありました。

そのうえで、経営者が「人に仕事を任せる」ということは、その人がミスをするとか上手くできないことも織り込んでおかなければなりません。仮に、部下に仕事を任せて、ミスをしたからと怒鳴っても事態は改善しません（むしろ自分の責任になってしまう）。リカバリーは自分自身でする必要があります。大家業でも同じです。

法律上も、不動産賃貸事業を営んでいる方は、「消費者契約法」によっては保護されません。あくまで自己責任で事業を営む必要があり、その責任は自分で負って、いざとなれば自分で解決するのだという覚悟が必要となります。

事業としてのリスクヘッジを考える

大家業は事業ですから、心構えだけでなく、事業としてのリスクヘッジも当然考えます。しかし、「経営者・社長が、いろいろなトラブルの対処方法を知っているのか？」と言えば、そんなことはありません。

「顧問弁護士をつけておけば、いろいろなトラブルを避けられるのでは？」

弁護士が言うと身も蓋もないのですが、そんなことはありません。顧問弁護士がいて、迅速に相談できるとしても、完璧にトラブルを無くすことは難しいです。顧問弁護士がいても、あくまでダメージを最小限にすることができるところまでです。

前置きが長くなりましたが、結局、「事業である以上、トラブルは不可避なので、その分の余剰資金を準備しておいて、イレギュラーに備えておく」べきなのです。仮に何らかの事業を営む場合には、売上が上がるかどうか（＝不動産賃貸事業でいえば、入居者が決まるかどうか）、と取引先とのトラブルや不払いがないかどうか（＝仲介やリフォーム会社等の業務委託先のミス、賃料不払い）、クレーマー等顧客とのトラブルが生じないかどうか等々、さまざまなリスクを想定して動きますが、なぜか、「不動産投資」だと、すべて上手くいくと信じ込んで始めてしまう方が多いように感じます。

しかし、事業を営む以上は、取引先の破産、代金未納のトラブル、顧客トラブル、労務問題、業務委託先のミスなど、仮に法的には相手方が悪くとも、どうしても解決しなければならないトラブルというのはたくさんあります。

私は、弁護士という職業柄、トラブルには慣れているほうですが、それでも、やはり自分の物件でトラブルが起きるとイライラしますし、ストレスもありました。そういうときでも、深呼吸して、「起きたトラブルから、できる限り損失を抑えるための頭に切り替えて、淡々と対応しよう」と自分に言い聞かせています。

不動産賃貸事業には、「信用」が大事

最終章では、心構え的なお話をしました。まとめると、安易に考えずに心構えプラス知識や相場観の把握が必要だというお話です。ここからは、より直接的に不動産賃貸事業に必要な「信用」についてお話しします。

ここでの「信用」とは、人柄等の人間的な信用ではなく「経済的な信用」の話です。不動産賃貸事業は、「お金持ち」のほうが圧倒的に有利です。「なんだよ。せっかく不動産賃貸事業を頑張ろうと思っていたのに、身も蓋もないこと言うなよ」という声が聞こえてきそうですし、嫌な気持ちになった方もいるかもしれませんね。ただ、これは事業、ビジネスの世界では、致し方のないことなのです。

資本力をもった企業が、新たな事業部を立ち上げて、人を募集し、金融機関から借入れをするのと、脱サラして、新たな事業を立ち上げた人では、どちらが有利な融資条件を出せるか、上手くいくかは予想がつきますよね。不動産賃貸事業でも似たようなことが起こります。金融機関との関係性で大きな差が出てくるでしょう。

金融機関側からみた不動産賃貸事業のポイントは、「未収金のリスクがなく、どれだけ安心してお金を貸すことができるか」ということにつきます。最悪、その物件で収支が合わなくても、他の担保やその人の収入によってリスクヘッジできれば、何とかなるわけです。そのため、その人の経済的な信用によって融資条件が変わってきます。

もちろん、不動産賃貸事業が上手く動いて、保有資産に対して借入金の割合が低くなってくれば、一般的な条件ではなく、プロパー融資といった住宅ローンと同程度の金利で融資を受けられるケースもあり得ます。

資産を増やしたいにもかかわらず、資産を増やすためには資産が必要だというジレンマがあるのです。

やはり、不動産賃貸事業は、参入障壁がそれなりに高い分野だと考えておいたほうがよいでしょう。そのうえで、真反対のことを言うようですが、本気で不動産賃貸事業を始めるのであれば、若いうちに早めに手を出してみたほうがよいという側面もあります。不動産賃貸事業は、月額賃料で売上げを上げる時間軸の長い事業で、言い換えれば、時間が経過すればするほど収支が改善していくという性質があるからです（もちろん、その1件目で失敗してしまうと、手ひどいダメージを受けかねませんが）。

結局、私自身、どの程度準備や勉強に時間を充てて、いつ始めるべきなのか、または始めずに違う資産運用方法を検討すべきなのか、答えは見つかっていません。ただ一つ言えることは、不動産賃貸事業は安易に儲かるような性質のものではなく、長期的な視野でみなければならない事業性質があるということです。本気でやっていくためには、それなりの勉強・準備と、資金を投下して、そのうえでトライ＆エラーを繰り返していくほかないのです。

まとめ　人任せにしない「自分でやるんだ」というマインド

最後に、本書で伝えたかったことをまとめます。私自身は、不動産賃貸事業の大家としては、駆け出しも駆け出しです。もっとも、弁護士として、さまざまなトラブルを見てきた経験から本書の執筆機会をいただくことができました。

周りで上手く不動産賃貸事業を行っているなと感じる方は、フットワークが軽く、勉強もよくしていて、さらに、「大家の会」などにも足を運んで鮮度の高い情報を集め、そのうえで、甘い話に惑わされないようにしっかりと自分で判断されています。そして、サラリーマンなど本業を持ちながらも、不動産賃貸事業にかなりの労力とコストを投下しています。

本書を通じて一貫してお伝えしたのは「甘い儲け話はない」ということです。自分で執筆していても、辛いことばかりお伝えしているのではないか、読んで夢が広がるような楽しい話が少ないな、と自省しています。しかし、不動産については、安易な話に飛びついて結局損をしてしまうような方が、若者を中心に特に近年増えているように思うのです。

しつこいようですが、他人任せにしても儲かる「不動産投資」などはなく、自分でしっかりとリスクマネジメントをすべき「事業」であることを自覚して、不動産賃貸事業に挑戦してほしいと願います。

不動産弁護士の大家さん日記⑤
1件目の物件売却と今後の方向性

最初にオーナーとなった物件は、賃貸戸建でしたので、空室をきっかけに、新たな入居者募集とともに売却に向けて動き出したところ、入居者が決まり、現実的な利回り表示ができるようになって比較的早期に売買契約までこぎつけました。

金額としては、取得金額よりやや下がりました。この辺は築年数が古い物件の特徴かもしれませんね。私自身、そもそも利回りベースで購入しており、物件の価格を考慮に入れていないので、次の購入者の方も同様の思考で購入していただいたのでしょう。また、メジャーな駅ではないものの、駅まで徒歩3～5分程度ということであれば、つぶしがきくのかなという印象もありました。

築年数が古い物件なので、契約不適合免責・瑕疵担保免責は外せない条件です。この点は、仲介会社もよく理解してくれており、条件面での交渉もそれほど難航しませんでした。本音を言うと、もう数十万円上げても購入者が出るのではないかとも考えたのですが、条件交渉をたびたび行う時間と労力を考えると、スパッと売ってしまおうと、売却を断行しました。

そもそも売却の動機なのですが、私自身の生活状況の変化がありました。物件購入時には、勤務弁護士といういわばサラリーマン状態の弁護士だったのですが、物件売却時には、独立開業してすでに弁護士法人の運営者になっていました。また、約5年と短い期間ではあったかもしれませんが、設備故障トラブル、入退居時の動向、また売却という一連の流れも経験することができました。そのため、一応一通り勉強できたので、今後はもっと大きな規模での不動産賃貸事業にチャレンジしたいな、一度、資産整理したいなという考えもありました。

このような考えの下、順調に契約手続、決済手続も進み、5年間の大家生活に、いったん区切りをつけたのです。

＊＊＊

不動産投資、不動産賃貸事業は、それぞれのライフプランごとに果たすべき役割が変わってくるのではないかと、最近よく考えるようになりました。ちまたでは「ＦＩＲＥ」という言葉が流行り、会社を辞めて、不動産賃貸事業だけで食べていきたいという方もいるでしょう。他方、預貯金を貯めておくよりは、資産の一部として、リスクヘッジのために不動産という形で保有していきたいという方もいるでしょう。

私自身としては、ありきたりではありますが、今後、20年、30年先も、今と同じように、新しい法律を勉強し、タフな弁護士業務をこなしていくことができるか、不安な気持ちもあります。そのため、長い目でみれば、もう一つの事業として、不動産賃貸事業を育てていきたいなという気持ちが強いです。現在は、独立開業し、事務所の動きが1年ごとに目覚ましく変化していっているので、正直、不動産賃貸事業はお休みの状態です。ですが、常に業界動向を見据えながら、3～5年くらい先には再チャレンジできるように、不動産賃貸事業の相場観、業界動向を探っていきたいと考えています。

未来のことは誰にもわからず、不動産賃貸事業自体も、「投資」の中の一つのスキームでしかないのかもしれませんが、私自身が見聞きした実績からしても、また収益の面でも比較的安定した事業ではないかと思えるので、今後もチャレンジしていきたいと考えています。

おわりに

本書を読んでいただきありがとうございました。本書では、不動産投資に対して後ろ向きなお話を多くしてきたので、「著者は、不動産賃貸事業に否定的なのか?」というご質問が飛んできそうです。私自身、不動産投資家としては、入口に足を踏み入れたにすぎない段階ですので、大きなことは言えませんが、不動産賃貸事業は、私の今後の事業の柱として据えていきたいなと考えております。

こんなことを言うと、当時の司法修習所の教官に怒られるかもしれませんが、司法試験合格後の1年間の研修はほどほどにこなし、自宅では、自分で買った不動産投資関連の書籍や、不動産、建設法務関連の書籍を読みふけっていました。興味がある分野なので、自分の弁護士としての注力分野として、不動産賃貸事業はこれからもやっていきたいなと思います。裁判例を調べたり、不動産投資家や不動産会社、建設会社の方と情報交換（飲み会）をしたりするのも楽しい時間です。

弁護士を志したきっかけは、実家の借家、相続、農地関連等のトラブルを見て育ったので、それを解決したいという気持ちからでした。ただ、不動産のことを勉強したのは、不動産自体の魅力にも惹かれていたこともまた確かだと思います。「大家の会」などにいくと、皆さん「資金を増やす」ことが目的だと思うのですが、その「過程」自体も楽しんで生き生きとお話される方が多いと思うんですよね。

どの辺りのエリアが今後価値が上昇しそうか、周辺にどういう施設があるから賃貸需要が見込めるか、今まで金融機関が手を出さず買えなかったが、○○の地方銀行が○○物件にも手を出し始めたぞ、とか、不動産賃貸事業というビジネスを行うにあたっての情報収集、分析、実行とそれ自体に、皆さんハマっているのではないかと思うのです。ゲームに例えると怒られそうな気もするのですが、不動産賃貸事業は、自分の人生と身銭を切った一種の経営シミュレーションゲーム的な要素もあるのではないかと感じるのです。

ただ、普通、人は自分の失敗談は話したがりませんから、景気のよい話ばかりが世に出ていると感じます。守秘義務もあって、暴露話のようなことはできませんが、派手にみえていても、いろいろなトラブルを経験されている投資家はたくさんいるでしょう。また、私自身も、いろいろと反省すべき事柄はあるので、現在も本業を頑張りながら軌道修正中です。

不動産賃貸事業は、「一発アウト」になるような落とし穴にはまらないように、継続して勉強していけば、セカンドビジネスにもなりますし、「楽しさ」もある事業です。

せっかくですから、私も含めて、不動産賃貸事業に興味をもって、携わっている方が一人でも増え、「不動産投資」について笑って話せることに、本書が少しでもお役に立てば幸甚です。

【著者紹介】

山村　暢彦（やまむら　のぶひこ）

弁護士法人　山村法律事務所　代表弁護士

専門は、不動産・建設・相続・事業承継。実家の不動産・相続トラブルをきっかけに弁護士を志し、現在も不動産法務に注力する。

日々業務に励む中で、「法律トラブルは、悪くなっても気づかない」という想いが強くなり、昨今では、ＦＭラジオ出演、セミナー講師等にも力を入れ、不動産・相続トラブルを減らすため、情報発信も積極的に行っている。

自身でも築古戸建を購入し、大家業の経験を積むなど、弁護士の枠内に収まらない不動産の知識と経験を有する。大家さん、不動産投資家に寄り添い不動産賃貸トラブルを解決する姿勢から、近年、不動産投資関連トラブルの相談も急増。

【企画協力】

インプルーブ　小山睦男

失敗しない

不動産投資の法律知識

2022年12月10日　第１版第１刷発行

著　者　山　村　暢　彦

発行者　山　本　継

発行所　㈱　中　央　経　済　社

発売元　㈱中央経済グループ パブリッシング

〒101-0051　東京都千代田区神田神保町1-31-2

電話　03（3293）3371（編集代表）

03（3293）3381（営業代表）

https://www.chuokeizai.co.jp

製版／三英グラフィック・アーツ㈱

印刷／三　英　印　刷　㈱

製本／㈲　井　上　製　本　所

ISBN978-4-502-44501-9　C3034